Paris.—Imprimerie Bonaventure et Ducessois,
quai des Grands-Augustins, 55.

DU
CRÉDIT ET DE L'IMPOT

OU

ce qu'il y a à faire,

par un ancien Receveur des finances,

Auteur de la

LETTRE A M. THIERS

Sur le 4ᵉ Livre de : La Propriété.

—

DEUXIÈME ÉDITION,

revue et considérablement augmentée.

———

PARIS

GIRAUD, LIBRAIRE-ÉDITEUR,

rue Guénégaud, 18 (ancien 24).

—

1850

PROFESSION DE FOI DE L'AUTEUR

POUR SERVIR DE PRÉFACE.

Avant de livrer mes idées financières à l'appréciation du public, j'ai voulu savoir ce qu'en penseraient quelques amis d'opinions diverses; les uns ont cru qu'elles étaient empruntées au socialisme, les autres que je me montrais trop républicain; d'autres, et je crois que ce sont ceux qui m'ont le mieux lu, ont cru reconnaître que je ne l'étais pas du tout. Il faut pourtant bien qu'on sache ce que je suis pour qu'on puisse me comprendre.

Je suis ce que j'ai toujours été, conservateur pur sang; c'est à ce titre que je désire la conservation de la République et que je crois que quels que soient les regrets que le passé a pu léguer à chacun de nous, ce ne peut être qu'en réunissant nos efforts pour consolider le présent que nous pourrons préparer pour l'avenir cette sécurité et cette stabilité dont nous avons tant besoin et sans laquelle il n'est point de prospérité possible. A ceux qui disent que mes idées sont empruntées au socialisme je réponds : Qu'avant février 48 je ne connaissais du socialisme que le nom ; que depuis je n'ai pas lu une ligne des écrits des apôtres de cette doctrine, et que le peu que j'en sais, je l'ai appris des auteurs qui l'ont réfutée, notamment M. Thiers.

A ceux qui disent que je me montre trop républicain, je réponds que je ne suis que conséquent en me montrant conservateur de la République.

Enfin, je dis à ceux qui trouvent que je ne le suis pas, que je voudrais bien l'être ; mais que je ne crois pas facile de convertir en spartiates une nation d'épicuriens plus disposés à l'égoïsme qu'au patriotisme.

Je crois qu'on peut être partisan du crédit foncier, de la révision de la loi du 3 septembre 1807 et des taxes somptuaires, sans être socialiste ; que l'adoption de ces modifications fiscales et de crédit aurait pour résultat immédiat la cessation des causes d'affaiblissement et de dissolution des classes moyennes, l'augmentation du travail et le retour de la sécurité, de la confiance et du crédit.

On ne peut organiser le travail par des lois spéciales, il s'organise tout seul quand il abonde ;

le législateur doit en régler les conditions, mais l'homme d'État doit le créer.

Pour créer le travail, il faut favoriser l'agriculture et l'industrie, et pour les favoriser il faut multiplier les moyens d'échange pour les mettre à la portée du plus grand nombre possible. En France il y a beaucoup d'argent, mais c'est aussi en France qu'il y a le moins de ces valeurs représentatives qui en tiennent lieu et qui multiplient les transactions. Avant Février, on y suppléait par les valeurs à termes que quelques statistiques ont évaluées à 8 ou 10 milliards ; mais ces valeurs disparaissent à chacune de ces crises commerciales qui sont la conséquence inévitable de nos crises politiques ; leur disparition produit les sinistres commerciaux et la cessation du travail qui met la société en péril : il convient donc de remplacer ces valeurs à termes par d'autres genres de valeurs moins chanceuses et qu'aucune crise politique ne pourrait déprécier. Telles seraient celles qui auraient pour but la mobilisation de la propriété.

Je crois que l'abaissement du taux légal eût été depuis longtemps une mesure nécessaire pour mettre le produit des capitaux en rapport avec celui du sol ; que si dans les vrais principes d'économie politique l'intérêt de l'argent doit dépendre de son abondance et non de la loi, ce principe n'est rigoureusement applicable que dans les pays où le taux légal n'a jamais été fixé par une loi ; mais quand elle a habitué le prêteur et l'emprunteur à se conformer à ses prescriptions elles doivent être modifiées à mesure que les capitaux deviennent plus abondants.

Je crois que chez un peuple agriculteur dont la fortune est toute immobilière et qui ne produit que son nécessaire, l'impôt direct et proportionnel est le seul impôt juste ; mais que lorsque par l'effet d'une longue série d'années prospères il produit plus que son nécessaire, c'est-à-dire du superflu et que sa fortune mobilière s'est accrue au point d'égaler et même d'excéder sa fortune immobilière, les taxes somptuaires sont indispensables pour approcher de la proportionnalité de l'impôt.

Je crois que les hommes dont la parole brillante mais stérile a jusqu'à présent prévalu dans les conseils de l'Etat font plus pour le triomphe du socialisme que les plus ardents apôtres de cette doctrine en méconnaissant les effets de l'augmentation des capitaux depuis quarante-deux ans et en voulant leur conserver les immunités dont ils ont pu jouir sans inconvénient tant qu'ils ont été rares, puisque leur aveuglement fait dans les circonstances où nous sommes tant de victimes dans les classes moyennes, qui s'affaiblissent ainsi au profit du prolétariat, quand on devrait au contraire tout faire pour les renforcer, attendu que ce n'est qu'en elles qu'on peut trouver un contrepoids aux doctrines démagogiques.

Enfin, je crois qu'il n'est aucune nation chez

laquelle on trouve plus d'éléments de prospérité que dans la nation française, et qu'il est déplorable que quand toutes les choses humaines ont fait tant de progrès, quand il ne s'agit plus que de donner du fer à un ouvrier pour qu'il produise les merveilles de l'électricité ou de la vapeur, il ne se trouve pas un ouvrier politique qui sache faire fonctionner ses éléments au profit de la chose publique.

Tels sont les principes qui forment la base de cet écrit.

CHAPITRE I.

Introduction.

La science de l'économie politique est celle dont l'homme d'Etat doit se préoccuper exclusivement ; de toutes les sciences c'est celle qui s'acquiert le plus ordinairement sans le secours des études classiques et seulement par la méditation, quand l'homme sérieux qui s'y livre a acquis une grande expérience des hommes en général et de chaque peuple en particulier.

Pour faire avec succès l'application des principes généraux de cette science aux différents peuples, il faut bien connaître leurs mœurs, leur caractère, leurs habitudes, leur origine, leurs besoins réels ou relatifs, leur génie, les propriétés du sol qui les nourrit, le climat des diverses contrées du globe qu'ils habitent, l'influence de ce climat sur leurs facultés physiques et intellectuelles, le degré de civilisation auquel ils sont arrivés, celui de l'état de leur prospérité et des causes diverses qui, l'ayant produite, peuvent contribuer à l'augmenter si elles sont maintenues dans un équilibre convenable.

Si les hommes d'Etat auxquels l'Angleterre doit sa

grandeur et sa fortune étaient nés en Turquie ou en Espagne, peut-être eussent-ils vécu ignorés, ou s'ils avaient exercé quelque influence sur le sort de leur pays, c'eût été par d'autres moyens que ceux qu'ils ont employés en Angleterre. Si nos Sully, nos Colbert, nos Talleyrand eussent dû subir l'épreuve de la tribune, peut-être la France eût été privée de leurs services, peut-être eussent-ils dû laisser la direction de nos affaires à d'habiles phraseurs qui nous auraient prouvé que l'état de choses qui devait les maintenir dans nos sommités sociales et nous conserver le bonheur de les entendre était le plus parfait de tous.

On ne peut refuser de grandes lumières et de bonnes intentions aux hommes qui nous ont gouvernés depuis trente ans, mais le premier âge de leur carrière a été trop bien rempli par des études spéciales ou par le besoin de faire fortune ; le second, par tout ce qu'il y a à faire pour arriver au pouvoir ; et le troisième, par les exigences de ce pouvoir après l'avoir conquis. Le temps leur a manqué pour méditer sur l'application des principes généraux de la science économique, appropriés à nos nouveaux besoins ; pour reconnaître que dans des temps de régénération, comme ceux dans lesquels nous vivons depuis soixante ans, la marche des divers progrès sociaux étant rapide, et leurs phases fréquentes, il est nécessaire de modifier souvent les lois qui règlent séparément la marche des divers rouages qui composent la machine gouvernementale.

Ils ne s'aperçoivent pas que la classe moyenne, dont l'importance date de la Restauration et caractérise la différence la plus remarquable entre l'ancienne et la nouvelle société française, est menacée de dissolution par la faute de nos institutions fiscales et de crédit ; que ce n'est que dans l'esprit de conservation de cette classe dont l'origine et l'existence sont si démocratiques, que nous pouvons espérer de trouver un contrepoids aux doctrines démagogiques pour sauver la civilisation. En persistant dans le système actuel, il est impossible d'éviter que cette classe moyenne ne finisse par se dissoudre et que la société française ne se recompose comme elle était dans l'ancien régime, divisée en deux classes. La première ne sera plus, comme autrefois, composée de Ducs et de Marquis ; la seconde, de serfs et de vilains ; mais l'une sera composée de l'aristocratie financière voulant conserver ses immunités ; l'autre, de prolétaires indignés d'avoir perdu les fruits de la révolution de 89. Par l'effet de cette dissolution, quelques membres de cette classe moyenne pourront s'affilier à l'aristocratie financière, mais ce sera le plus petit nombre, et le plus grand retombera dans le prolétariat. La lutte entre ces deux classes ne sera pas longue, et il est facile d'en prévoir l'issue : il en résultera le plus grand cataclysme social qu'on ait encore vu. Or, pour l'éviter, il ne s'agit que d'ouvrir les yeux à l'évidence ; il faut donner une forte Constitution à cette classe moyenne, et faire cesser les causes qui peuvent amener sa dissolution. Elles cesseraient si, par l'agiotage, les petits capitaux n'étaient plus absorbés par les gros ; si les petites propriétés n'avaient plus cette tendance à être absorbées par les grandes qui produisent le superflu, c'est-à-dire les capitaux ; si on supprimait les priviléges dont jouissent ces capitaux au mépris de l'article 15 de la Constitution, et l'usure légale, celle qui maintient le produit du capital au double de celui de la propriété, au mépris des règles les plus essentielles de la science économique, qui veulent que toutes les institutions aient leurs racines dans le sol.

CHAPITRE II.

Catéchisme politique.

D. Quel est le meilleur Gouvernement?

R. C'est toujours celui qui existe.

D. Mais si celui qui existe ne fait pas le bonheur du peuple, pourquoi ne le changerait-on pas?

R. Parce qu'on ne peut changer de Gouvernement sans faire une révolution, que les révolutions démoralisent les masses, ne s'opèrent qu'aux dépens des peuples, ne profitent qu'à des intrigants, blessent les intérêts des pauvres en désorganisant le travail, ceux des classes moyennes en diminuant la consommation, et ceux des classes riches en jetant sur leur avenir une incertitude qui les pousse à des précautions exagérées pour le garantir contre l'envie.

D. Il est cependant naturel de désirer changer ce qui ne nous satisfait pas?

R. Il faut améliorer plutôt que de changer.

D. Comment obtenir des améliorations sans faire des changements qui soient des révolutions?

R. Un peuple assez éclairé pour jouir de la faculté d'exprimer par son suffrage ce qu'il croit devoir le rendre heureux n'a pas besoin de faire une révolution pour obtenir les améliorations qu'il désire.

D. Quelles sont les améliorations que le peuple français doit désirer?

R. Que son Gouvernement, à l'exemple de celui de l'Angleterre, sache créer et assurer le travail à mesure que la population augmente, par une sollicitude éclairée pour l'agriculture et l'industrie.

D. Le peuple français n'a-t-il pas cherché à exprimer ses vœux sous le Gouvernement de la Restauration comme sous celui de la monarchie de Juillet?

R. Oui, mais à ces deux époques, la majorité parlementaire n'était pas la majorité nationale; créée par des intrigues, elle était factice et non pas réelle.

D. La majorité issue du suffrage universel est-elle plus réelle?

R. Elle le serait infailliblement si tout le monde avait voté, si l'ignorance des uns, l'égoïsme des autres n'avait donné lieu à une indifférence coupable, si la manière dont les suffrages ont été exprimés permettait de croire qu'ils sont la véritable expression de l'opinion de ceux qui les ont donnés. On peut cependant supposer que la majorité de l'Assemblée législative est plus nationale que factice.

D. Quels sont les devoirs de l'Assemblée nationale?

R. Nos institutions nouvelles lui assignant dans l'action gouvernementale une part bien plus grande que celle dont jouissaient les assemblées auxquelles elle a succédé, il faut qu'elle sache produire les améliorations que les gouvernements précédents n'ont pas su nous donner et qui, en assurant le bonheur du peuple, les auraient conservés eux-mêmes.

D. N'est-il pas à craindre que les changements réclamés par un grand nombre ne soient trop démocratiques?

R. Ce qui se passe en Angleterre depuis bien longtemps nous prouve que les institutions les plus démocratiques ne sont pas incompatibles avec l'organisation sociale la plus aristocratique.

D. A ce point de vue le peuple français aurait eu tort de changer si souvent son organisation sociale, puisque ce qu'il désirait n'aurait pas été incompatible avec ce qu'il avait?

R. C'est incontestable; mais dans la première révolution, il n'avait pour ainsi dire que l'instinct de ses droits et de ses besoins; il n'y avait ni presse ni tribune pour l'éclairer sur ce qu'il avait à faire pour secouer le joug des préjugés et des priviléges qui l'opprimaient; son existence comme peuple était menacée : il dut opposer la force à la force, l'action à la réaction, la guerre à la guerre; de grands et déplorables excès résultèrent de toutes ces luttes : rien de ce qui est arrivé ne pouvait être évité. En 1814 il dut subir les conséquences des événements de force majeure; en 1830 et en 1848 il aurait dû se contenter de remplacer des majorités factices par des majorités réelles.

D. Il est donc allé plus loin qu'il n'aurait dû aller?

R. C'est encore vrai.

D. Il devrait donc rétrograder?

R. Non, parce qu'il ne peut rétrograder sans faire une nouvelle révolution et qu'il vaut mieux qu'il accepte ce qui est comme un fait accompli.

D. Les prétendants qui nous observent sont tous des hommes éclairés qui ont de bonnes intentions et dont les droits sont également respectables : n'est-il pas à présumer que les leçons de l'expérience ne seraient pas perdues pour celui qui serait élevé sur le pavois?

R. Elles pourraient n'être pas perdues pour lui,

mais elles le seraient pour ses héritiers ; les trônes ne vieillissent qu'en accumulant les abus autour d'eux ; nous ne devons pas préparer à nos neveux la nécessité de faire d'autres révolutions. Quant à moi, *peuple*, qui ne connaîtrais jamais que de nom celui qui occuperait le trône relevé, qui aurais toujours à souffrir plus qu'à profiter des abus, pour qui les rois n'ont de sollicitude qu'en raison de l'intérêt de leur conservation ou de celle de leur race, j'aime mieux un Président dont les pouvoirs sont limités pour faire le mal, mais qui peut faire tout le bien qui doit assurer ses droits à ma reconnaissance et aux bénédictions de la postérité.

D. Mais comment constituer une république sans républicains ?

R. De bonnes et sages institutions nous forceront de le devenir, et puisque nous n'avons pas su nous faire un gouvernement à l'Anglaise, il nous faut apprendre à vivre sous un gouvernement à l'Américaine.

D. Mais nous manquons pour cela des vertus essentielles, telles que le respect des lois ; nous avons besoin d'un contre-poids aux tendances ultra-démocratiques.

R. Ce contre-poids se trouvera dans l'esprit de conservation résidant autrefois dans les classes aristocratiques qui voulaient conserver leurs priviléges et qui aujourd'hui se trouve dans les classes moyennes qui veulent conserver leur existence démocratique, et qu'il faut, autant que possible, recruter et renforcer comme la sauvegarde de la civilisation.

D. Qu'y a-t-il à faire pour recruter et renforcer les classes moyennes ?

R. Répandre l'instruction dans les masses, favoriser le morcellement de la propriété, et se hâter d'arrêter la tendance des capitaux à absorber la petite propriété par l'usure.

D. Quelle conséquence faut-il tirer de ce qui précède ?

R. Qu'il ne faut toucher que très-rarement aux institutions organiques, et que c'est par des modifications dans les lois temporaires qu'on peut trouver les améliorations devenues nécessaires pour la marche du progrès de la civilisation et de la prospérité publique.

D. C'est donc dans des modifications de nos lois temporaires qu'il faut chercher les moyens de faire cesser l'anxiété qui règne dans les esprits et qui peut retarder pour longtemps encore le retour de la confiance et du crédit et la reprise du travail ? Comment produire la sécurité nécessaire à cet effet ?

R. Il faut consulter la majorité, et si elle ne sait pas formuler ce qu'elle veut, il faut lui demander de formuler ce qu'elle ne veut pas, et à quoi il faut remédier.

D. A quoi faut-il donc remédier ?

R. A l'existence des abus et des priviléges, car il y en a, et personne aujourd'hui n'en voulant pour son voisin, n'a le droit d'en garder pour lui-même. A ce point de vue, quelle que soit notre couleur, nous sommes tous démocrates.

D. Les priviléges n'ont-ils pas été tous détruits par la première révolution?

R. Il en est résulté de nouveaux de l'oubli qui a été fait de maintenir l'équilibre dans le mouvement de divers rouages qui composent la machine gouvernementale.

D. Quels sont ces rouages ?

R. Ce sont les grands intérêts nationaux qui doivent être groupés de manière à prospérer simultanément et les uns par les autres ; si l'un d'eux va trop vite ou trop lentement, il s'use ou use les autres, et la machine se dérange.

D. Quel est celui des intérêts nationaux dont le mouvement trop vif ou trop lent tend à déranger la machine gouvernementale ?

R. C'est celui des capitaux, lesquels jouissent de deux priviléges bien distincts : 1° la fixité du taux légal depuis quarante-deux ans, en vertu d'une loi qui aurait dû être modifiée à mesure que le produit relatif du sol et celui de l'industrie ont diminué, par l'effet de la concurrence qui résulte de l'augmentation de la population; 2° l'exemption de participer à la répartition des charges publiques. Aussi longtemps que ces priviléges subsisteront, le malaise et l'anxiété publique ne cesseront pas, la proportionnalité de l'impôt ne sera pas obtenue.

D. Quelle est la cause de ces inconvénients?

R. Les vices de notre législation fiscale et de crédit qui laisse absorber le nécessaire par le superflu, chaque jour plus puissant.

D. Que faut-il faire pour remédier à ces inconvénients ?

R. Abaisser le taux légal, faire concurrence aux capitaux qui se cachent et approcher le plus possible de la proportionnalité de l'impôt.

D. Qu'appelle-t-on proportionnalité de l'impôt?

R. C'est l'exécution de l'article 15 de la Constitution, renouvelée des Chartes de 1814 et 1830.

D. Pour obtenir cette proportionnalité il faudrait donc imposer les capitaux?

R. Non, on doit éviter tout ce qui peut en gêner la circulation; mais il faut distinguer les capitaux circulants qui sont représentés par des valeurs en porte-feuille, des capitaux immobilisés en propriétés : les uns sont le sang qui vivifie le commerce et l'industrie, les autres sont le superflu de l'homme riche et opulent, qui peut se passer rigoureusement de leurs produits.

D. On pourrait donc imposer ces derniers quoiqu'ils le soient déjà proportionnellement comme toutes les propriétés?

R. Oui, parce que la cote foncière ne doit être considérée que comme la prime d'assurance que chaque propriétaire doit payer à la société pour pouvoir acquérir, posséder et transmettre sa propriété; et que les capitaux, c'est-à-dire le superflu, étant également garantis par nos institutions, doivent aussi payer leur prime d'assurance. Or, ces capitaux immobilisés sont aujourd'hui fort nombreux et fort importants, ce sont eux qui excitent la convoitise; ils révèlent l'aisance et l'opulence; ils remplacent, en quelque sorte, les biens de main-morte de l'ancien régime, et augmenteront sans cesse tant que dureront les priviléges dont on vient de parler: faire cesser ces priviléges serait favoriser le morcellement de la propriété.

D. Mais ces propriétés sont déjà bien chargées en raison de leurs produits, par le régime proportionnel; comment pourrait-on encore les surcharger?

R. En vertu du principe qui dit que les peuples les mieux gouvernés sont ceux chez lesquels l'impôt est le mieux réparti, et que, pour le bien répartir, il faut respecter le nécessaire absolu, peser avec modération sur le nécessaire relatif, et porter par préférence sur le superflu.

D. Qu'est-ce que le nécessaire absolu, le nécessaire relatif et le superflu?

R. Le nécessaire absolu est celui qui intéresse la vie matérielle; le nécessaire relatif est celui qui intéresse la vie sensuelle, fondée sur les habitudes prises dans les diverses positions sociales; le superflu est tout ce qui excède ce qu'il faut pour satisfaire le nécessaire relatif.

D. Quels sont les signes qui peuvent faire distinguer le nécessaire absolu du nécessaire relatif, et ce dernier du superflu ?

R. Le luxe, la proportion de l'industrie et de la propriété, comme les seules sources des capitaux, c'est-à-dire du superflu.

D. Il convient donc d'établir des taxes somptuaires ?

R. Sans doute, mais sur des bases bien différentes de celles établies par la loi du 7 thermidor an III, en raison de l'immense différence survenue depuis cette époque dans la situation des fortunes privées, par l'accroissement des capitaux.

D. N'y aurait-il pas injustice à demander deux cotes à la même propriété, une cote foncière et une cote somptuaire ?

R. De même qu'il faut distinguer les capitaux circulants des capitaux immobilisés, il faut aussi classer les propriétés en petites, moyennes et grandes ; les petites intéressent le nécessaire absolu ou la vie matérielle, les moyennes intéressent le nécessaire relatif ou la vie sensuelle, les grandes intéressent le superflu.

D. M. Thiers nous a dit que les taxes somptuaires produiraient à peine 10 millions, qu'elles auraient de graves inconvénients pour l'agriculture et les ouvriers, etc.

R. Elles produiraient autant qu'on voudrait sans cesser d'être justes et proportionnées aux facultés et aux fortunes de chaque contribuable, et n'auraient aucun des inconvénients qu'on a reprochés à la loi du 7 thermidor an III que ses tarifs seuls méritaient, et qui peuvent être heureusement modifiés.

D. Qu'arrivera-t-il si on n'adopte pas les moyens dont il vient d'être question ?

R. Il arrivera qu'on devra continuer ce qu'on fait depuis dix-huit mois sans succès, chercher d'autres moyens pour arriver au même but; et si on n'en trouve pas, on ne peut échapper à la banqueroute et à l'emprunt forcé.

D. Une surtaxe ou taxe somptuaire sur ce que vous appelez des capitaux immobilisés ne ressemblera-t-elle pas à l'impôt progressif tant déc riépar ceux qui disent qu'il n'y a rien à faire?

R. Qu'importe le nom d'un impôt pourvu qu'il soit, comme le veut la Consiitution, *dans la proportion de la fortune et des facultés de chacun*. Mais ces taxes somptuaires auraient bien d'autres avantages que celui de procurer au Trésor des ressources nouvelles et permanentes; elles diminueraient le besoin du capitaliste d'immobiliser son superflu; les capitaux circulants étant plus nombreux se feraient concurrence à eux-mêmes, le taux de l'intérêt de l'argent baisserait au profit de l'industrie, de l'agriculture et du travail; la tendance du capital à absorber la petite propriété diminuerait; ces taxes favoriseraient le morcellement de la propriété et le recrutement de cette classe moyenne dont il est bon d'augmenter l'importance, puisqu'elle est et sera toujours la sauvegarde de la civilisation, et que par son esprit de conservation elle doit servir de contre-poids aux tendances ultra-démocratiques et nous donner peu-à-peu les qualités qui nous manquent pour être de vrais républicains : le respect des lois.

CHAPITRE III.

Courte histoire
de la Révolution française.

La révolution française n'a été qu'une lutte entre le principe aristocratique et le principe démocratique. Provoquée par les philosophes du dix-huitième siècle, elle ne commença qu'en 89. Elle devait être terrible et durer aussi longtemps que la génération née à cette époque. D'antiques préjugés, des priviléges et des intérêts, enracinés dans le sol aussi profondément que dans nos mœurs, ne pouvaient que disputer la victoire à des prétentions fondées sur la loi naturelle et la dignité de l'homme. Mais pour obtenir notre régénération, nous étions condamnés à assister à la réalisation de cette prédiction d'un homme tristement célèbre : « Les nations ne se régénèrent que dans des bains de sang. » Bientôt des milliers d'innocentes victimes expièrent sur l'échafaud des torts qui n'étaient pas les leurs, et le sang de leurs bourreaux qui vint se mêler à leur sang ne fut qu'une faible expiation de tant de crimes.

Tout-à-coup une brillante étoile paraît à l'horizon et fait diversion à la lutte, en changeant la direction de l'esprit public, qu'elle éblouit par sa gloire. Le sang coula encore avec abondance, mais chaque goutte de ce sang fit pousser un laurier à l'ombre duquel chacun de nous put se reposer, et rêver la gloire en oubliant la liberté. Mais la fortune a des caprices: la victoire, qu'on avait pu croire enchaînée sous les ailes de l'aigle, déploya les siennes à son tour et s'enfuit. Le héros connut enfin les revers, il succomba, et sa chute devint le signal du renouvellement de la lutte dont il n'avait fait que suspendre la marche et qui recommença avec la Restauration.

Les hommes de l'ancien régime étaient encore pleins de force et d'énergie ; ils reparurent avec tous leurs préjugés, voulurent reconquérir leurs priviléges et ne réussirent qu'à paralyser les efforts de la génération nouvelle pour faire triompher les prétentions qui avaient engagé la lutte en 89. Une espèce de transaction eut lieu : cette nouvelle génération dut se contenter du régime constitutionnel qui fut observé pas ses adversaires en 1830, chacun sait comment.

La Révolution de Juillet en faisant justice de la résistance des hommes de l'ancien régime au vœu national, fit faire un grand pas au principe démocratique, quoique toujours couvert du manteau constitutionnel ; mais ce manteau fut encore déchiré par l'effet des illusions de la monarchie, qui ne fut pas assez soucieuse de la différence qu'il y a entre une majorité factice et une majorité réelle, et par celui de la résistance du principe aristocratique, qui voulut arrêter la marche progressive de son adversaire ; la révolution de Février arriva.

L'aristocratie peut-elle encore espérer de pouvoir continuer la lutte? Je ne le pense pas. On peut peut-être croire que le triomphe de la démocratie

est prématuré, qu'il eût été plus heureux qu'il n'ar-
rivât qu'après l'extinction complète de la génération
née en 89 ; mais elle n'en est pas moins un fait accompli, et tout ce qui peut renouveler ou prolonger
la lutte ne peut que retarder le complément de
notre régénération. Tous les efforts des bons citoyens, des vrais patriotes, doivent être dirigés vers
ce complément et avoir pour but de réglementer le
principe qui triomphe de manière à faire prospérer
tous les grands intérêts nationaux en guidant leur
marche dans le sens de ce principe.

Il est une observation qui semble avoir échappé à
tous les hommes qui nous ont gouvernés depuis
trente ans, et qu'il est bon de faire remarquer à
ceux qui nous gouvernent aujourd'hui : c'est que les
nombreuses constitutions que nous avons eues depuis 89 ont eu toutes les mêmes bases, savoir l'égalité des droits et l'égalité proportionnelle dans la
répartition des charges publiques. Le premier de ces
articles a *paru* être exécuté jusqu'à présent ; le second a aussi *paru* l'être tant que l'accroissement de
la fortune publique a été insensible. Or, dans trente-
cinq ans de paix l'augmentation de la portion mobilière de cette fortune a été telle, eu égard à la portion immobilière qui n'a fait que changer de valeur,
qu'il n'y a plus aucune proportion dans la répartition des charges ; c'est cette proportion dont le rétablissement est le premier besoin de l'époque, et
peut, en guérissant notre plaie financière, cicatriser
notre plaie sociale.

C'est par les finances que l'on gouverne les em-
pires : l'art de gouverner consiste à maintenir l'é-
quilibre entre tous les grands intérêts nationaux, de
manière à les faire prospérer simultanément et les
uns par les autres. Quand, par l'effet du temps ou
de la marche du progrès, cet équilibre est rompu,

et que l'un de ces intérêts prospère aux dépens de autres, on doit le rétablir par des modifications dans les lois temporaires. L'oubli de ce principe tend à consacrer un privilége en faveur de l'intérêt qui prospère; c'est ce qui arrive depuis longtemps en faveur des capitaux qui prospèrent aux dépens de l'agriculture et de l'industrie. On eût évité cet inconvénient si on avait modifié la loi du 3 septembre 1807 il y a vingt ans. Personne aujourd'hui ne veut de privilége pour son voisin, et personne n'a le droit d'en réclamer pour lui-même. Or, rien n'est si démocratique que ces dispositions dans lesquelles nous sommes tous, quelle que soit notre couleur de prédilection; et on peut dire, sous ce rapport, que nous sommes tous démocrates. Mais, s'il est vrai que nous soyons tous démocrates, que la lutte entre le principe aristocratique et le principe démocratique doive être regardée comme terminée, il est une autre vérité non moins incontestable et qu'il faut reconnaître, quoiqu'il répugne à notre amour-propre national d'en faire l'aveu, c'est que le second trait qui nous caractérise le mieux, c'est l'égoïsme, qui étouffe le patriotisme et nous éloigne de ces vertus républicaines si bien définies par Montesquieu, et qui se résument dans le respect des lois. La lutte ne doit donc plus être, à l'avenir, qu'entre l'intérêt personnel et l'intérêt national; et il y a bien loin entre ce qui existe et ce qui est à faire, n'en déplaise à ceux qui disent que tout est pour le mieux. Mais qu'y a-t-il à faire? C'est la solution de cette question qui, depuis quelques années, me cause des insomnies, et que je crois avoir trouvée. J'espère en convaincre les plus incrédules en leur démontrant que notre système actuel d'impôt et de crédit repose sur des bases tout à fait contraires aux plans simples règles de la science économique, puisqn'il sacrifie l'agriculture et l'industrie qui procurent le travail aux pauvres et le superflu aux riches; aux capitaux, dont les gros sont favorisés par l'agiotage, les petits par l'usure légale, les uns et les autres par les priviléges de ne pas participer aux charges publiques, même indirectement, par l'absence de taxes somptuaires.

CHAPITRE IV.

De la Banque de France.

Au nombre des questions financières dont la solution est aujourd'hui si urgente, il en est une qui ne paraît pas devoir occuper la première place, et qui, cependant, mérite une attention d'autant plus sérieuse que sa solution immédiate suspendrait, en quelque sorte, la nécessité de celles qui semblent devoir occuper le premier rang. Cette question est celle relative aux modifications qu'il est nécessaire d'introduire dans le régime de la Banque de France, pour que cette institution puisse rendre tous les services que son nom semble lui prescrire.

Chaque jour, les journaux de toutes nuances nous apportent leurs déclamations sur l'urgence qu'il y a d'adopter quelque grande mesure qui puisse soulager la misère des classes qui souffrent, donner du travail aux ouvriers, rétablir la confiance et le crédit, etc.; mais aucun d'eux ne nous dit ce qu'il faut faire, quelle est la grande mesure qui pourrait avoir ces résultats. C'est dans la stérilité de ces déclamations, qui entretiennent l'anxiété publique, que j'ai cru trouver l'obligation qu'il y avait pour chacun de faire connaître, vaille que vaille, les moyens pratiques que son expérience ou son patriotisme pourrait lui suggérer pour résoudre le grand problème social vers lequel toutes les pensées sérieuses sont dirigées. Je dirai plus tard ce que je crois qu'il y aurait à faire pour mettre notre système de crédit privé et public au niveau des besoins de la France nouvelle ; pour établir autant que possible cette proportionnalité de l'impôt sans laquelle l'article 15 de la Constitution n'est qu'une lettre morte, l'égalité des droits n'est qu'une fiction. Je vais, en attendant, m'occuper des modifications que je regarde comme indispensables dans le régime de la Banque.

La Banque rend de grands services, mais n'est-elle pas improprement appelée de France puisqu'elle agit évidemment bien plus dans l'intérêt de ses actionnaires que dans celui de la France, n'est-ce pas avec raison qu'elle est considérée comme la tête de colonne de nos optimistes ? N'est-elle pas forcément plus égoïste que ne le serait une banque nationale, ou même un établissement particulier du même genre dont la direction se modifierait suivant le caractère de celui qui l'aurait fondé ? On ne peut le nier, puisque ceux qui l'administrent doivent être, de peur de compromettre les intérêts qui leur sont confiés, bien plus circonspects que s'ils administraient leurs propres affaires.

Une banque nationale, opérant sur les mêmes bases que la Banque de France, rendrait les mêmes services qu'elle, sous le rapport des comptes courants, des escomptes et des avances ; elle pourrait, dans l'intérêt de l'agriculture, constituer à elle seule un système de crédit foncier bien préférable à tous ceux qui ont été imaginés jusqu'à ce jour, et, dans l'intérêt de l'industrie, agir comme les comptoirs nationaux. Ses bénéfices augmenteraient dans les temps de détresse et diminueraient dans les temps de prospérité : je vais m'expliquer.

La Banque prête ses billets sur dépôts de matières d'or et d'argent, ou de valeurs publiques françaises. Elle vient d'avancer à l'Etat 50 millions sur l'emprunt de 150 millions et a reçu en nantissement des propriétés nationales pour une valeur égale. N'est-ce pas là un véritable prêt sur hypothèques? Les billets émis à son occasion ne sont-ils pas de véritables bons hypothécaires, comme ceux contre lesquels on a dit de si étranges choses ? S'ils portaient une marque qui les fît distinguer des autres, ne seraient-ils pas préférés à ceux qui ont été émis sur dépôts de bons du Trésor ou autres titres? Si l'Etat ne pouvait plus tenir ses engagements, si la grande catastrophe vers laquelle nous faisons tous les jours un pas de plus avait lieu, ces bons du Trésor et ces autres titres seraient-ils autre chose que des assignats dépréciés ?

La Banque a aussi prêté à la ville de Paris et à celle de Marseille; puisqu'elle est entrée dans cette voie, pourquoi n'opérerait-elle pas plus largement ? Pourquoi ne prêterait-elle pas à toutes les communes et aux établissements patronés par l'Etat et qui pourraient lui offrir de bonnes garanties hypothécaires? Les villes les mieux administrées sont ordinairement les villes endettées ; rarement il y a du gaspillage dans l'administration des deniers d'une ville qui a des dettes. A ce point de vue, que d'avantages n'y aurait-il pas de les pousser toutes à faire des emprunts à la Banque, jusqu'à concurrence du montant d'un ou deux de leurs budgets ordinaires? On veut réorganiser le travail : ne vaudrait-il pas mieux qu'il le fût simultanément sur tous les points de la France, que de l'être seulement à Paris, par l'entreprise de quelques grands travaux qui, en y attirant tous les ouvriers sans ouvrage dans les provinces, y renouvelleraient les inconvénients des ateliers nationaux?

Mais si, comme je viens de le dire, la Banque prêtait sur hypothèques aux villes et à tous les établissements patronés par l'Etat, pourquoi ne prêterait-elle pas de la même manière aux propriétaires jusqu'à concurrence de la moitié ou des trois quarts de la valeur de leurs immeubles, quand ils pourraient lui donner une première hypothèque en garantie? Ces prêts hypothécaires seraient faits pour 10, 15 ou 20 ans.

Il faut bien s'attendre à ce que sous le régime républicain, les crises politiques seront plus fréquentes qu'elles ne l'étaient sous le régime monarchique. Ces crises sont toujours suivies de crises commerciales et financières, qui ont nécessairement pour effet la cessation du travail et toutes ses conséquences. On ne saurait donc trop se prémunir contre ces conséquences et prévenir la cessation du travail quand la consommation s'arrête et que les capitaux se cachent. Je crois que, dans cette vue et quand les circonstances le rendent nécessaire, il vaudrait mieux avoir recours à une institution normale, toute disposée à rendre le service qu'on attendrait d'elle, que d'en créer de nouvelles, toutes spéciales et fonctionnant toujours imparfaitement dans leurs débuts. La Banque pourrait donc aussi prêter sur marchandises fabriquées ou sur matières premières, jusqu'à concurrence des trois quarts de leur valeur normale, mais seulement pour un an. On ne peut douter de l'empressement que mettraient les négociants et industriels à retirer leurs marchandises aussitôt que la crise serait passée. La somme des billets émis dans ces circonstances serait en quelque sorte le thermomètre industriel, et le régulateur des modifications à introduire dans la législation commerciale et industrielle.

Mais les théories les plus séduisantes sont souvent mises en défaut par l'expérience : il faut donc aussi dire comment on peut les mettre en pratique par des moyens simples et à l'abri des inconvénients qui peuvent les faire rejeter.

La Banque aurait des comptoirs dans tous les départements, mais surtout dans les villes manufacturières.

Chaque comptoir aurait des magasins, un garde-magasin et un conseil judiciaire rétribué, agissant dans une certaine proportion sous sa propre responsabilité, et ayant versé, en billets de banque, un cautionnement dont le comptoir lui servirait l'intérêt à trois pour cent.

Les billets seraient émis par les comptoirs sur des formules envoyées de Paris ; ils porteraient l'indication du département, la date de leur émission, celle du remboursement et le numéro des registres d'émission dont l'un serait désigné par ce titre : *Livre des emprunts hypothécaires*, et l'autre, *Livre des emprunts industriels*.

Ces livres seraient destinés à recevoir les déclarations d'emprunts, faites et signées par les emprunteurs, qui reconnaîtraient en même temps avoir reçu la somme empruntée en billets de banque.

L'intérêt de ces billets serait fixé à 3 p. o/o s'il s'agissait de biens ruraux, à 3 1/2 p. o/o pour les édifices urbains qui devraient être assurés, à 4 p. o/o pour les usines et établissements industriels, et à 5 p. o/o pour les marchandises.

Le recouvrement des intérêts serait opéré par les

percepteurs sur des rôles dressés par les comptoirs et rendus exécutoires par le préfet, comme en matière de contributions directes.

A défaut de paiement des intérêts ou de remboursement du capital au terme indiqué aux registres d'emprunts, et quinze jours après les sommations régulières du percepteur, l'agent judiciaire poursuivrait la vente des marchandises ou des immeubles, d'après les formalités rapides indiquées dans le projet de M. Teste sur le crédit foncier.

Quand ces billets auraient été transportés hors des départements de leur émission, ils y seraient renvoyés par les comptoirs auxquels ils seraient présentés.

La Banque pourrait encore émettre des billets spécialement hypothéqués sur les chemins de fer.

Chaque comptoir aurait un bureau d'assurances auquel seraient assurés toutes les propriétés bâties comprises dans les gages hypothécaires donnés en garanties des emprunts.

Il y aurait à décider si tous ces billets devraient avoir cours forcé ou seulement facultatif. Quand le Gouvernement provisoire décréta le cours forcé des billets de banque, ils furent d'abord l'objet d'une certaine répulsion dans les départements où on n'était pas habitué à les voir circuler; aujourd'hui ils y sont plutôt recherchés que repoussés. Ceux qu'il s'agirait d'émettre dans mon système, ayant chacun une affectation hypothécaire spéciale, et, par conséquent, bien mieux garantie que ceux qui circulent aujourd'hui, seraient encore bien plus recherchés.

Est-il possible de trouver des moyens plus simples, plus facilement praticables, plus en harmonie avec nos besoins, pour fonder un bon système de crédit foncier? On va chercher bien loin des modèles d'institutions de ce genre, sans faire attention à la différence qu'il y a entre les besoins des peuples chez lesquels prévaut encore le principe de l'indivisibilité de la propriété et celui chez lequel le principe de son morcellement est adopté depuis soixante ans et a déjà produit de si grands résultats. Toutes les institutions, pour être durables, doivent avoir leurs racines dans le sol parce qu'elles forment la substance de la civilisation, c'est-à-dire de l'âme, comme les végétaux forment la substance du corps; celles qui ont leurs racines dans des besoins passagers sont elles-mêmes passagères et d'un effet peu durable.

Dans l'état de détresse où se trouve l'agriculture et l'industrie par l'effet de la différence qu'il y a entre le produit du capital et celui de la propriété ou des industries qui ne peuvent se passer des capitaux, il est probable que l'émission des billets de banque, dans le système que je propose, s'élèverait à une forte somme, 5 ou 6 milliards peut-être; mais peu importe, il est dans la nature de l'homme sensé de chercher à liquider sa position et une bonne législation doit lui en faciliter les moyens. Dès que les crises commerciales et financières seraient passées, les billets avancés sur marchandises disparaîtraient, et la somme de ceux qui auraient été prêtés aux propriétaires diminuerait sans cesse à mesure que l'agriculture sortirait de l'oppression dans laquelle elle languit, oppression qui résulte des exigences des capitaux, fondées sur la loi du 3 septembre 1807, laquelle depuis longtemps aurait dû être modifiée, comme je le démontrerai.

Les dépenses nécessaires pour établir de nombreux comptoirs avec des magasins, des employés, etc., seraient bientôt couvertes par les bénéfices de l'institution, bénéfices qui pourraient s'élever à 150 ou 200 millions par an, et qu'il serait peu convenable de laisser à une compagnie d'actionnaires.

Je ne me dissimule pas que ce qu'on vient de lire donnera lieu aux plaintes de quelques personnes dont les intérêts seraient froissés ; mais nous sommes dans un temps de régénération, et cette régénération ne peut être complète si elle n'a lieu par les finances. La plaie sociale par laquelle nous avons été sur le point de succomber ne sera définitivement guérie que quand la plaie financière le sera elle-même.

Je pourrais encore, par de nombreux détails d'exécution, lever tous les doutes sur la possibilité et la convenance de l'adoption immédiate de ce que je propose ; mais les jalons que je viens de planter suffisent pour tracer la route à l'homme pratique. Je ne veux cependant pas terminer ce chapitre sans répondre d'avance à une objection qui paraît spécieuse et pourrait laisser quelque incertitude dans les esprits.

On ne peut, dira-t-on, sans avoir un capital fort important disponible, faire concurrence à la Banque de France par l'établissement d'une banque nationale, ou lui retirer ses priviléges et la forcer à liquider sans lui en faciliter les moyens, sans lui rembourser ce qu'on lui doit, et même sans remplacer dans ses coffres une somme en numéraire égale à celle qui représente une partie de ses billets en circulation.

Cette objection est fondée, mais il y a deux manières de la combattre victorieusement.

La Banque de France est un établissement particulier qui n'existe qu'en vertu des conditions qui lui ont été imposées par l'État, conditions qui peuvent être tous les jours modifiées. Quel inconvénient verrait-on à lui faire contracter avec le Trésor une espèce de société sur les bases suivantes ?

La Banque continuerait de jouir de tous les priviléges dont elle jouit jusqu'à présent et ajouterait à ses opérations ordinaires l'émission de nouveaux billets pour une somme indéterminée, ayant une affectation spéciale, hypothécaire ou autre, et prêtés, aux conditions qui viennent d'être dites, aux communes, aux départements, aux chemins de fer, aux propriétaires, aux industriels, etc.

Le Trésor contribuerait aux frais d'établissement des comptoirs déjà [créés ou à créer dans tous les départements et à leurs frais de gestion, relatifs au système qui vient d'être exposé, tels que ceux auxquels donneraient lieu les bureaux d'assurance, les agents judiciaires, les magasins, garde-magasins, etc. Il profiterait des intérêts des sommes prêtées en billets et dont le recouvrement, pouvant être opéré par semestre et par anticipation, procurerait au Trésor des ressources immédiates et très-importantes.

Le second moyen de réfuter l'objection ci-dessus serait celui-ci :

J'espère démontrer clairement dans les chapitres suivants, consacrés à traiter d'autres questions de crédit, et surtout de la proportionnalité de l'impôt, si on la veut sincèrement, que le Trésor peut facilement obtenir 3oo ou 35o millions de recettes nouvelles ou de réductions de dépenses ; cette somme, jointe aux produits de la Banque, fonctionnant comme établissement de crédit foncier et industriel, formerait un total d'environ 5oo millions promptement réalisables : il suffirait donc que le Gouvernement se montrât disposé à entrer dans la voie que j'indique pour faire renaître la confiance, puisque chacun y verrait le terme de nos tribulations financières. Avec la confiance reparaîtraient bientôt les capitaux qui se cachent ou qui ont émigré ; car les capitaux ne manqueront pas plus en

France que les autres éléments de prospérité, si on sait trouver les moyens de leur inspirer de la sécurité et de leur faire porter tous leurs fruits. Il serait dès-lors possible de trouver dans une émission spéciale de bons du Trésor, remboursables dans six mois ou un an, la possibilité de remplacer immédiatement la Banque de France par une banque nationale.

J'éprouve le besoin d'ajouter encore quelques détails à ceux qui précèdent pour démontrer les avantages de mon système. J'ai dit que les prêts faits en billets, ayant une affectation hypothécaire spéciale, pourraient être à longs termes, dix, quinze ou vingt ans; mais cette faculté accordée à l'emprunteur ne le priverait pas de celle de se libérer plus tôt s'il pouvait le faire, soit par l'accumulation de ses économies, soit par l'effet de quelques changements heureux survenus dans l'état de sa fortune, une succession, etc. : et voici comment pourraient se faire les remboursements anticipés du tout ou seulement d'une partie de la somme empruntée.

Il y aurait dans chaque comptoir une caisse dite de remboursements; quand un emprunteur voudrait rembourser tout ou partie de sa dette, il verserait à cette caisse, en billets circulants ordinaires, la somme qu'il voudrait rembourser; on lui délivrerait une quittance extraite d'un livre à souches dont les additions contrôleraient les sommes renfermées dans la caisse des remboursements; à la souche de cette quittance seraient mentionnés les noms de l'emprunteur, les dates de son emprunt et de l'échéance des billets émis à son occasion, et la somme remboursée. Cette somme serait portée au crédit de son compte sur les livres d'émissions, afin que sa cote au rôle des intérêts pût être diminuée ou annulée. Quand les billets émis à l'occasion d'un emprunt remboursé par anticipation rentreraient au comptoir, ils seraient détruits, et remplacés dans la circulation par une somme égale de billets déposés provisoirement.

Il y a deux manières de mobiliser la propriété ou de fonder un bon système de crédit foncier; l'une consiste à créer des valeurs de caisse ou papier monnaie hypothéqué sur des propriétés particulières, produisant intérêt au profit de l'État, faisant concurrence au numéraire en circulation dont il augmenterait la somme dans la proportion des besoins de l'industrie. L'autre consiste à créer des valeurs de portefeuille en produisant des intérêts, au profit des porteurs, et faisant concurrence à la propriété sur laquelle elle serait hypothéquée; ces valeurs seraient à longs termes et transmissibles par voie d'endossement avec escompte. On voit que j'ai donné la préférence au premier de ces deux systèmes et je dois en donner les raisons : Il y en a deux qui me paraissent décisives, l'une parce qu'elle produirait au Trésor une augmentation de recettes importante dont il a bien besoin et qui lui permettrait de se passer du produit de certains impôts; l'autre parce que l'argent n'étant productif qu'autant qu'il circule, c'est-à-dire qu'il travaille, augmenter le numéraire c'est augmenter la nécessité de travailler; c'est marcher vers le but que doit toujours se proposer l'homme d'État, et que ceux de l'Angleterre ne perdent jamais de vue, augmenter le travail dans la proportion de l'augmentation de la population.

Au contraire, créer de nouvelles valeurs de portefeuille, c'est faire comme a fait la loi du 3 septembre 1807, favoriser le désœuvrement, l'égoïsme, l'agiotage et la disposition à thésauriser.

On a comparé aux assignats les bons ou cédules hypothécaires qu'il serait question de créer dans le premier de ces deux systèmes ; n'est-ce pas avoir un parti pris de se refuser à toute espèce d'innovation généreuse que de comparer des valeurs émises avec discernement au sein de la paix et de tant d'éléments de prospérité, ayant chacune une affectation hypothécaire spéciale par un gouvernement de bonne foi et solvable, à ces assignats émis avec profusion dans des temps de calamité, alors que nos frontières étaient toutes franchies ou menacées par l'ennemi, et par un gouvernement évidemment insolvable ?

Il reste à savoir dans quelle proportion devrait être faite l'émission de ces nouvelles valeurs pour ne rien déranger dans l'équilibre de la production, de la consommation et de la circulation.

La somme du numéraire en France est, dit-on, de 3 ou 4 milliards ; avant la Révolution de Février elle était insuffisante, puisque l'industrie y suppléait par des valeurs à terme appelées de circulation et qui s'élevaient à 10 ou 12 milliards ; c'est-à-dire que l'industrie et l'agriculture donnaient lieu à un mouvement d'environ 14 ou 15 milliards dans lesquels le numéraire n'entrait que pour 1/4 ou 1/5. D'après ces données ne semblerait-il pas que la somme du numéraire pourrait sans inconvénients être doublée par une émission de bons ou cédules hypothécaires ? ne pourrait-on pas aussi en conclure qu'on pourrait adopter un système mixte qui consisterait à émettre simultanément des valeurs hypothécaires de caisse et de portefeuille et souscrites par les mêmes emprunteurs.

CHAPITRE V.

Du crédit privé.

Dans un pays de centralisation où toutes les transactions entre particuliers sont réglées par une loi
commune, le législateur ne doit jamais perdre de
vue les circonstances qui ont fixé la détermination
de ses prédécesseurs quand ils ont promulgué certaines lois, temporaires de leur nature ; s'il manque
à ce devoir, il laisse passer le moment opportun de
modifier ces lois quand les circonstances sur lesquelles elles ont été fondées en principe se sont elles-
mêmes modifiées par l'action du temps et la marche
du progrès. C'est par l'application de ce principe
que nos voisins d'outre-mer, dans leurs moments de
détresse, y remédient par d'habiles modifications
dans leurs lois fiscales ou dans leurs tarifs ; et s'il
eût été compris par nos hommes d'État, peut-être
n'eussions-nous pas vu s'opérer, aux cris de : *Vive
la Réforme électorale!* une révolution qui n'était nécessaire que dans la vue d'une réforme financière :
celle-ci, quoi qu'on en puisse dire, eût sauvé la monarchie, comme elle doit sauver la république si on

se hâte de la faire. Il est inutile que nos optimistes se fassent plus longtemps illusion ; ils ont été vaincus en février 1848 parce que la masse de la nation n'a pas voulu consentir à une plus longue annulation de l'art. 2 de la Charte de 1814, reproduite dans celle de 1830. Peuvent-ils espérer aujourd'hui de réussir dans les vues qu'on leur attribue, à tort où à raison, celles de relever un trône en le fondant sur des institutions qui seraient leurs œuvres? Cette prétention serait une utopie aussi coupable que celles qu'ils combattent avec tant de raison et de justice, et pour la faire prévaloir, il faudrait qu'ils commençassent par obtenir, de gré ou de force, qu'on effaçât l'art. 15 de la Constitution. S'ils comprennent qu'il serait pour eux aussi inutile que dangereux de tenter cette radiation, ils doivent aussi comprendre que l'heure des priviléges est enfin passée, et qu'ils doivent consentir de bonne grâce à la proportionnalité de l'impôt, et à la révision des lois qui règlent notre système du crédit privé et celui du crédit public.

Dans l'ancien régime, le droit canon dominait le droit civil et les prêts à intérêt étaient interdits. Ce n'est qu'en 89 que la loi du 12 octobre les autorisa, mais sans fixer un taux légal. La Convention, par son décret du 6 floréal an II, déclara l'argent marchandise et permit ainsi à chacun d'en tirer tout le parti possible. Un pareil principe peut être sans inconvénients en Angleterre, à Genève, partout où l'usure est naturellement restreinte par la concurrence que l'argent se fait à lui-même quand il est assez abondant pour cela ; mais en France, sous la Convention, il devait avoir de fâcheuses conséquences. C'était le moment de la plus grande anxiété sur l'issue des événements qui se passaient à l'intérieur comme à l'extérieur, où chacun cachait le peu d'argent qu'il pouvait avoir et où le Trésor subissait lui-même l'influence de cet état de choses au point que, pour attirer les capitaux à lui, il maintenait l'intérêt des comptes courants des receveurs généraux à un taux tellement exorbitant, qu'à l'époque du Consulat il était encore à 9 p. o/o. Ce décret de la Convention n'eut d'autre effet que de légitimer l'usure la plus immorale et la plus cynique. Il devint nécessaire d'y mettre un frein, et c'est ce qui motiva la loi du 3 septembre 1807, par laquelle le taux légal fut fixé à 5 o/o pour les transactions civiles et à 6 o/o pour le commerce ; or, le taux légal, c'est celui qui est fixé par la loi. Où est pour le législateur l'obligation de fixer ce taux à tel chiffre plutôt qu'à tel autre? Cette obligation est écrite dans le livre de la science économique, qui nous enseigne qu'aucune organisation sociale n'est viable si ses institutions n'ont leurs racines dans la propriété ; or, en 1807, les placements en propriétés avaient lieu à 5 o/o et quelquefois à mieux ; le taux légal avait son type dans le revenu foncier ; ce rapport est aujourd'hui tout à fait détruit, puisque telle propriété qu'on avait alors pour 60,000 fr. en vaut 300,000, et malgré les améliorations introduites dans l'agriculture, on ne place plus qu'à 2 1/2 et 3 o/o, attendu que ces améliorations sont loin d'être proportionnées à l'augmentation des capitaux dans quarante-deux ans, dont trente-cinq de paix et de prospérité commerciale et industrielle. Le taux légal est donc devenu un taux usuraire, il favorise trop la disposition du capitaliste à thésauriser ; il importe de le remettre en harmonie avec le revenu foncier. Si cette vérité eût été reconnue il y a vingt ans, si le patriotisme de nos hommes d'Etat eût prévalu sur leurs intérêts personnels, si on avait toujours maintenu le rapport qui doit exister entre le revenu du capital et celui du sol, il n'y aurait pas tant de propriétaires dans la détresse, et peut-être n'aurions-nous pas à déplorer tous les événements douloureux qui ont bouleversé tant d'existences sans profiter à personne; peut-être n'aurions-nous jamais entendu ces cris sauvages qui troublent le sommeil du riche, et n'aurions-nous jamais vu promener dans les rues ces emblèmes de sang qui nous rappellent de si pénibles souvenirs, mais dont la véritable signification n'est peut-être pas bien comprise. Le Peuple français n'est pas cruel; il a appris à connaître ses droits, il veut en jouir. Il souffre, et ne pouvant se rendre compte à lui-même de ce qu'il désire, il cherche à effrayer ceux qui l'oppriment, dans l'espérance de les contraindre à consentir aux sacrifices qu'ils lui doivent. Il serait satisfait si on établissait la proportionnalité de l'impôt, si l'art. 15 de la Constitution cessait de n'être qu'une lettre morte, si chacun contribuait aux charges publiques dans la proportion *de ses facultés et de sa fortune*, soit que ces facultés se trouvent dans un coffre-fort, en portefeuille ou en propriétés. Alors le travail se réorganiserait de lui-même, la confiance renaîtrait, le Trésor se remplirait, et il ne resterait à personne d'incertitude sur son avenir et sur celui de la France.

Nous n'arriverons à cet heureux résultat que quand tout le monde sera bien pénétré de cette vérité que, dans trente-cinq ans de paix, la fortune mobilière de la France s'est accrue dans une immense proportion; qu'elle est aujourd'hui au moins égale à la fortune immobilière; qu'elle doit cesser de jouir du privilége de ne pas supporter sa part proportionnelle de l'impôt; et qu'enfin, il est possible de lui assigner une part de cette charge, sans imposer les capitaux directement, qu'il faut se borner à les atteindre par tous les moyens possibles.

Le premier, celui que je viens d'indiquer, me paraît avoir ce résultat : on les atteint en les dépréciant par l'abaissement du taux légal en matière civile, sans toutefois trop l'abaisser en matière commerciale.

Un second moyen de les atteindre, c'est de leur faire concurrence par un bon système de crédit foncier.

Je n'ai pas besoin de répéter ici ce que j'ai dit dans ma lettre à M. Thiers sur le quatrième livre de la propriété, pour réfuter les sophismes par lesquels il a fait rejeter par son discours du 10 octobre dernier le *mauvais* projet Turck et Prudhomme. Je me bornerai à ajouter que l'urgence d'un bon système de crédit foncier se fait sentir tous les jours davantage. Les affaires ont bien un peu repris depuis quelques mois, parce qu'il fallait combler le vide qu'avaient fait dans les magasins les besoins qui s'étaient accumulés pendant près d'un an de cessation de travail ; mais le crédit est mort, probablement pour longtemps ; nous en avons la preuve chaque semaine par la situation de la Banque, dont le portefeuille n'a pas cessé de diminuer, et on ne traite plus qu'au comptant ; en sorte qu'il n'y a que ceux qui ont de l'argent qui peuvent en gagner. Il est donc urgent d'en procurer à bon marché à ceux qui n'en ont pas, mais qui peuvent offrir de bonnes garanties, et les bons hypothécaires auraient le double but de faire concurrence à l'argent et de remplacer ces valeurs de crédit qui fournissaient naguère à l'industrie les ressources dont elle ne peut se passer.

On a dit qu'avant de créer un système de crédit foncier, il était nécessaire d'opérer la réforme de notre régime hypothécaire ; c'est encore une erreur : c'est une fin de non recevoir de la part de ceux qui ne veulent pas cette institution. C'est encore un de ces moyens dilatoires par lesquels on s'efforce de rendre stérile la période triennale commencée le 10 décembre 1848.

Si cette institution est reconnue utile, si elle doit produire tous les bons effets que tant de gens s'en promettent, quand ce ne serait que pour donner satisfaction à l'opinion publique, on devrait en consacrer le principe, et n'admettre provisoirement au bénéfice du système que les emprunteurs dont les propriétés sont notoirement à l'abri de toute hypothèque légale; ceux qui peuvent céder un privilége de vendeur; ceux enfin qui peuvent produire toutes les justifications exigées par tant de méticuleux prêteurs sur hypothèques, qui ne veulent être primés par personne. Après la réforme de notre régime hypothécaire, la faculté d'emprunter serait accordée à un plus grand nombre. Je ne pense pas qu'avec un système de crédit foncier fondé sur de telles bases, M. Thiers pût dire encore que les bons hypothécaires seraient *les assignats moins le gage.*

La réduction du taux légal amènerait naturellement la solution de cette grande question, toujours victorieusement combattue par les rois de la bourse, la conversion des rentes ; elle produirait au Trésor une diminution de dépenses de 35 ou 40 millions.

Voilà donc déjà deux moyens d'atteindre les capitaux sans les imposer. Par le premier, on viendrait aux secours des propriétaires et de l'agriculture en détresse; par le second, on procurerait à l'industrie de grandes et précieuses ressources dont elle a tant besoin. Le Trésor y trouverait une augmentation de revenu sans compter celle des produits ordinaires des droits de consommation, de timbre, etc.; toutes les classes qui souffrent, et elles sont nombreuses aujourd'hui, verraient qu'on pense enfin à s'occuper d'elles de la seule manière qui peut être efficace et qui soit conforme à leurs véritables besoins. J'indiquerai d'autres moyens d'atteindre les capitaux sans les imposer en traitant la question de la proportionnalité de l'impôt, qui sera le sujet des chapitres suivants.

Il est parmi nos législateurs des économistes distingués et de très-bonne foi, qui pensent que l'intérêt de l'argent ne doit pas être fixé par la loi; mais qu'il doit varier en raison de son abondance ou de sa rareté. Je partagerais complétement leurs convictions à cet égard, pour la France, comme pour tout autre pays, si nous étions restés sous l'empire de la loi du 6 floréal an III, et si celle du 3 septembre 1807 n'avait pas familiarisé les hommes les plus scrupuleux parmi nous à l'idée qu'on ne peut les accuser d'usure quand ils prêtent au taux légal : il est donc nécessaire de s'entendre sur ce qu'on peut appeler l'usure; si je ne me trompe, l'usure est un taux plus élevé que le produit du sol.

Dans l'enfance des sociétés, l'homme ne pouvait se procurer le nécessaire que par la chasse et le travail de la terre; mais Dieu, en lui donnant une intelligence supérieure à celle des animaux, avait aussi multiplié ses besoins; il dut faire usage de cette intelligence : pour les satisfaire, il eut recours à l'industrie, produisit du superflu, ce superflu en s'accumulant devint ce qu'on a appelé des capitaux, et ces capitaux sont devenus eux-mêmes une propriété susceptible de productions comme le sol; mais il y a deux manières de les rendre productifs :

La première est de s'en servir soi-même pour exercer une industrie en l'exposant à certaines chances; la seconde est de les confier à un autre pour leur faire produire cet intérêt moyennant une redevance fixe. Cet intérêt doit donc être proportionné à la chance courue; mais si on n'en court aucune, si par de bonnes garanties on s'assure un placement aussi sûr que serait l'acquisition d'une terre, l'intérêt de ce placement me paraît usuraire s'il est plus élevé que le produit du sol. Tel est le principe qui a prévalu dans l'esprit des auteurs de la loi du 3 septembre 1807; mais dans quarante-deux ans tout a bien changé; telle terre qui valait 100 mille francs alors en vaut aujourd'hui 5 ou 600 mille; elle produisait 5 mille francs, c'était 5 p. o/o de sa valeur; aujourd'hui en raison des progrès de l'agriculture, elle en produit 15. Ce n'est plus que 2 1/2 p. o/o. Quel est le capitaliste qui se décidera à placer son argent à 2 1/2 p. o/o en propriétés, tant qu'il pourra le placer autrement avec sécurité, et à 5 p. o/o? Il en résulte que le produit du sol n'est plus en rapport avec celui du capital, et que la loi du 3 septembre 1807 aurait dû être modifiée depuis longtemps de manière à abaisser le taux légal.

CHAPITRE VI.

De la proportionnalité de l'impôt.

Il importe d'abord de bien comprendre la différence qu'il y a entre le régime proportionnel et la proportionnalité de l'impôt. Par le régime proportionnel, on ne peut atteindre que les objets visibles et appréciables en qualité ou en quantité ; la proportionnalité a pour but d'atteindre tous les genres de revenus qui se révèlent par des signes extérieurs, quoiqu'on ne puisse pas les apprécier : c'est l'exécution de l'article 15 de la Constitution, qui dit :

« Tout impôt est établi pour l'utilité commune ;

« Chacun y contribue dans la proportion de sa fortune et de ses facultés. »

Nous avons donc à examiner la question de savoir si nous devons croire M. Thiers quand il nous dit qu'il n'y a rien à faire, qu'il n'y a qu'à retourner le malade dans son lit de mort, ou bien si nous devons chercher un remède pour le guérir.

Si je ne me trompe, ce remède se trouverait dans l'application des maximes d'économie politique pro-

fessées par lui-même dans son 4me livre *de la Propriété ;* or, ces maximes sont celles-ci :

1° L'impôt doit atteindre tous les genres de revenus ;

2° Il faut considérer la société comme une compagnie d'assurance à laquelle chacun doit une prime
proportionnée à la valeur de la chose assurée ;

3° L'impôt doit être proportionné aux facultés de
chacun, et par les facultés il faut entendre non-seulement ce que chacun gagne, mais ce que chacun
possède ;

4° On doit donc l'impôt suivant le revenu de son
travail et suivant le revenu de ses biens transmis ou
acquis ;

5° L'impôt doit opérer comme la lumière, qui
éclaire par la diffusion les objets qu'elle n'atteint
pas par le rayonnement ;

6° L'impôt n'est qu'une avance faite au Trésor
par le producteur, à qui elle est remboursée par le
consommateur.

A ces maximes je crois devoir ajouter celles-ci :

1° Toutes les institutions sociales doivent avoir
leurs racines dans le sol ;

2° Les lois fiscales doivent être fondées sur la
prospérité publique et individuelle, et être modifiées
toutes les fois que cette prospérité s'est elle-même
modifiée par l'effet du progrès ;

3° Les salaires se nivelant toujours avec le prix
des objets de première nécessité, c'est celui qui fait
travailler qui paie les droits de consommation de
celui qui travaille ; il en résulte que le prix des objets de consommation importe peu au consommateur quand il travaille, et que l'homme d'État ne
peut faire le bonheur de tous qu'en assurant et aug-
mentant le travail ;

4° L'impôt doit respecter le nécessaire absolu, peser modérément sur le nécessaire relatif, et atteindre par préférence le superflu;

5° Pour que l'impôt opère par diffusion comme la lumière, il faut en multiplier les rayons.

Toutes les Constitutions ou Chartes que nous avons eues depuis soixante ans ont eu les mêmes principes pour bases :

1° L'égalité des droits ;

2° L'égalité proportionnelle dans la répartition des charges publiques.

Le premier de ces principes n'est qu'une illusion si le second est violé, puisque l'oubli de ce dernier entraîne un privilége, que tout privilége a pour but ou pour effet la possession de l'or, que la possession de l'or dispose des influences pour éluder ou interpréter la loi, et que partout où il y a des influences de cette nature l'égalité des droits n'existe pas.

Peut-être ne faut-il pas chercher ailleurs les causes de tous ces cataclysmes politiques qui ont mis en péril notre organisation sociale. Si nous observons bien le caractère français, nous trouvons, sans méconnaître aucune de ses qualités, qu'il est devenu égoïste et démocrate. En effet, quelle que soit la couleur qui a notre prédilection, qu'elle soit blanche, rouge, bleue ou tricolore, aucun de nous ne veut de privilége pour son voisin, et, par conséquent, n'a le droit d'en désirer pour lui-même. Nous sommes donc tous démocrates, puisqu'il n'y a rien de si démocratique que ces principes, et nous devons chercher à amoindrir les seuls priviléges compatibles avec ces principes : ceux qui sont attribués à la supériorité de l'intelligence, et ceux qui sont inséparables de la possession des richesses. Or, le privilége qui peut résulter de la supériorité de l'intelligence diminue en développant, par l'instruction, celle du plus grand nombre ; celui qui est la conséquence de la possession de l'or diminuera aussi en facilitant à ce plus grand nombre son entrée dans l'aristocratie bourgeoise, par le morcellement de la propriété.

L'homme, jugé au point de vue de la loi naturelle, ne doit aucune contribution à la société s'il ne produit que son nécessaire absolu ; la société, au contraire, doit lui faciliter les moyens de se procurer ce nécessaire par une bonne organisation du travail, laquelle ne peut être que le résultat de ces institutions sages et prévoyantes qui assurent à l'agriculture et à l'industrie cette sécurité, cette confiance sans lesquelles il n'y a point de prospérité possible. Jugé au point de vue de la loi sociale, surtout si cette loi émane du suffrage universel et qu'elle soit, par conséquent, l'œuvre de tous, quand il a reconnu qu'en raison de sa faiblesse individuelle, autant que pour obéir aux instincts qu'il tient de la nature, il est forcé de vivre en société, l'homme doit subir les conséquences de cette nécessité et se soumettre à la loi sociale. Dans ce cas, si sa production n'excède pas son nécessaire relatif, celui qu'il s'est imposé à lui-même par l'effet de la direction que ses auteurs ont donnée à son éducation, il doit avoir une faible part contributive dans la répartition des charges publiques, à la condition qu'il s'imposera des privations pour pouvoir payer la prime d'assurance qui doit lui procurer la sécurité et la protection dont il a besoin. Si, au contraire, sa production excède ce nécessaire relatif et lui procure du superflu qui le mette dans l'aisance ou dans l'opulence, soit que ce qu'il possède lui ait été *transmis*, ou qu'il l'ait *acquis*, il doit avoir une part contributive proportionnée à ce superflu. Ce ne sera que par l'adoption de ce principe qu'on obtiendra la proportionnalité de l'impôt, éludée jusqu'à présent, quoiqu'elle soit évidemment proclamée par la Constitution, comme elle l'avait été par toutes les Chartes qui l'ont précédée. Ce ne sera que lorsque cette proportionnalité aura été obtenue, que pourront renaître la sécurité, la confiance et le crédit, sans lesquels toute prospérité nationale ou individuelle est impossible; que nous n'entendrons plus ces cris sauvages qui, dans nos jours néfastes, viennent troubler le sommeil du riche, provoquer des révolutions nouvelles, et font empirer la position du pauvre en désorganisant le travail; ce ne sera, enfin, que par cette proportionnalité que le principe posé par M. Thiers lui-même recevra son application, c'est-à-dire *qu'il faut considérer la société comme une compagnie d'assurance à laquelle chacun doit payer une prime proportionnée à la valeur de la chose assurée,* puisque toutes les parties qui composent les fortunes privées sont également garanties par les institutions.

Sous l'empire de l'égalité des droits, quel que soit le point de départ de l'homme dans la vie sociale, s'il est économe, laborieux et intelligent, il arrivera toujours à l'aisance si ce n'est à l'opulence.

Il est dans l'aisance aussitôt que sa production excède sa consommation.

Le premier écu qu'il peut économiser est à sa fortune mobilière ce qu'est à sa fortune immobilière la première parcelle qu'il achète du produit de ses sueurs.

De même qu'il paie à la société une prime d'assurance pour qu'elle lui garantisse le droit d'acquérir, de posséder et de transmettre sa propriété, il en doit une pour être garanti du droit de posséder et de transmettre son superflu, c'est-à-dire ses capitaux, s'il est dans l'aisance ou l'opulence.

Si d'après ce que je viens de dire nous divisons la

société en deux parties, d'un côté les prolétaires, de l'autre les propriétaires, les industriels et les capitalistes, les premiers n'ayant aucune prime d'assurance à payer à la société, ce sera sur les derniers que devra retomber tout le poids des charges publiques, dans la proportion de la fortune et des facultés de chacun, comme le veut la Constitution.

Or, pour en opérer la répartition conformément à ce principe, il faut étudier minutieusement tous les signes qui révèlent l'importance des fortunes et des facultés, afin d'en établir le classement de manière à ne demander à chacun que ce qu'il doit donner réellement.

Les capitaux ou le superflu ont toujours leurs sources dans l'agriculture et l'industrie : les signes qui révèlent l'aisance et l'opulence doivent donc se trouver, 1° dans la qualité et l'étendue de la propriété ; 2° dans la proportion selon laquelle est pratiquée l'industrie ; 3° dans le luxe. Le problème à résoudre consiste donc à déterminer dans quelle proportion l'agriculture et l'industrie produisent l'aisance et l'opulence, pour leur demander une taxe somptuaire proportionnée, et à établir le plus grand nombre possible d'autres taxes somptuaires sur tous les objets qui composent les jouissances de l'homme aisé ou riche, afin que l'impôt opère par diffusion, comme la lumière, ainsi que le veut M. Thiers.

Nous voyons qu'en Prusse on va établir l'impôt progressif en prenant le revenu pour base (1). Dans un État où la propriété n'est pas divisée, où elle est acensée pour longtemps, où les produits de l'agriculture sont peu variés, cette base peut être la meil-

---

(1) La commission municipale de Paris vient d'adopter le principe de la progression pour la répartition du contingent de la ville dans les contributions personnelles et mobilières.

leure; mais en France, composée de zones dont la température varie beaucoup, où la propriété est très-divisée, où les produits du sol sont non-seulement alimentaires mais aussi industriels, où les baux à longs termes sont rares, où il y a un cadastre qui sert à établir l'égalité proportionnelle dans la répartition de l'impôt foncier, il est bien plus rationnel de prendre la cote foncière comme type de l'aisance et de l'opulence que procure la propriété, de même que la cote de la patente doit être prise pour type de l'aisance et de l'opulence produites par l'industrie. Je pense donc que nous ne devons pas faire comme en Prusse, et que pour fixer la prime d'assurance ou taxe somptuaire qu'il convient de demander au superflu, ce sont les cotes foncières réunies à celles des patentes qui doivent servir de base.

Vainement dira-t-on que la propriété est déjà bien chargée. Ce n'est pas à elle que sera demandée la cote somptuaire dont il est question, c'est au superflu qu'elle peut procurer quand elle a une certaine importance. On objecte qu'il est beaucoup de propriétaires mal aisés qui ont plus de dettes que de capitaux. Cela est malheureusement vrai, surtout aujourd'hui, par la faute de nos législateurs, qui n'ont pas su maintenir le rapport qui doit toujours exister entre le produit du capital et celui du sol ; mais ceux qui se trouvent dans ce cas d'exception peuvent en sortir en vendant une partie de leurs propriétés, et on leur en faciliterait le moyen, si, par l'abaissement du taux légal, on disposait les capitaux à se porter sur elles.

Il faut distinguer trois classes de propriétaires :

La première, c'est celle des propriétaires agriculteurs qui travaillent de leurs bras les parcelles qu'ils ont acquises du produit de leur travail, ou qui leur ont été transmises par leurs auteurs, lesquels, en les améliorant sans cesse, pour leur faire produire leur nécessaire absolu, augmentent la fortune publique et sont écrasés par le régime proportionnel. Ceux-là méritent toute la sollicitude et la protection de la société : je voudrais que leurs cotes, quand elles n'excèdent pas 5 francs, fussent accordées en décharge aux percepteurs, et réimposées l'année suivante sur les cotes de 200 francs et au-dessus.

La seconde est celle des propriétaires qui ont trop de terres pour les cultiver eux-mêmes, qui, quelquefois joignant l'industrie à la propriété, font valoir celle-ci avec l'aide d'un maître valet ou d'un colon partiaire, mais qui, cependant, consacrent à son amélioration une partie de leur temps, leur intelligence, et même leurs économies ; mais si ces propriétaires par leur importance révèlent l'aisance, c'est-à-dire indiquent le superflu, ils commencent à être dans le cas de ceux qui doivent une prime d'assurance pour le superflu.

La troisième est celle des propriétaires qui achètent des terres pour mettre des capitaux en sûreté, ou pour varier leurs jouissances, qui les connaissent à peine parce qu'ils vivent dans les villes sur le produit de leurs capitaux ou sur celui de l'industrie, d'une profession ou d'un emploi quelconque, qui ont tort de se plaindre que leurs terres ne produisent que 2 ou 3 pour 100 du capital qu'ils y ont employé, puisqu'elles leur produiraient bien davantage s'ils s'en occupaient eux-mêmes et ne les abandonnaient pas à des fermiers, souvent ignorants et routiniers, presque toujours privés des avances pour améliorer. Cette troisième classe, au point de vue de la fiscalité, doit être traitée comme une classe de capitalistes et non pas de propriétaires. En effet, leurs terres ne sont autre chose que des capitaux immobilisés ; ils ne s'en occupent pas, les voient rarement, souvent les laissent dépérir, et contribuent ainsi à la diminution de la fortune publique. A ce point de vue, ils ont bien moins de droits à la sollicitude de la société que ces laborieux propriétaires-agriculteurs qui l'augmentent en améliorant sans cesse leur modeste héritage.

Il y a donc propriété et propriété : celle qui nourrit l'homme qui la cultive est trop chargée par l'impôt proportionnel; celle qui peut être considérée comme faisant partie du superflu de celui qui la possède est passible d'une taxe somptuaire indépendante de la taxe proportionnelle.

Si les hommes qui depuis Février ont cherché à naturaliser en France l'income-tax s'étaient bien pénétrés de l'esprit de nos voisins quand ils l'ont établie chez eux, ils auraient reconnu une grande vérité qui paraît leur avoir échappé, c'est que l'income-tax n'est pour les Anglais que le complément de leur système de taxes somptuaires, puisqu'il n'affecte pas les petites fortunes.

Quand les hommes d'État, dans leur constante sollicitude pour le travail, ont vu que, pour combler les besoins de l'Échiquier, on ne pourrait plus rien demander au peuple par les droits de consommation, de mouture, de douanes, etc., sans risquer de changer les meetings en émeutes, ils se sont décidés à renouveler l'income-tax, qui avait été leur dernière ressource pendant leur lutte avec l'Empire, et qui a pour but de demander de l'argent à ceux qui ont du superflu.

Leur langage, dans ces deux circonstances, a été le même. Soyez sages, disaient-ils au peuple, nous vous garantissons le travail qui vous procure le nécessaire; soyez prudents, disaient-ils aux riches, ouvrez les yeux, vous êtes les plus intéressés à sauver notre nationalité : nous ne vous demandons qu'une faible part de votre superflu, sachez en faire le sacrifice sous peine de cesser d'être.

Pourquoi nos hommes d'État ne nous tiennent-ils pas le même langage?

Comme en France, le superflu en Angleterre était loin d'être, à la fin de la dernière guerre, ce qu'il est aujourd'hui; cependant le chiffre de la proportion de l'income-tax s'éleva alors à 18 pour 100, et produisit jusqu'à 750 millions; aujourd'hui ce chiffre n'est pas encore à 3 pour 100 et produit déjà 150 millions : on voit que cet impôt pourra long-temps encore soutenir la puissance anglaise.

CHAPITRE VII.

De la proportionnalité de l'Impôt.
(*Suite.*)

Le chapitre qui précède a dû faire pressentir au lecteur le système qu'il me reste à formuler. Les charges publiques doivent être réparties, dans la proportion de la fortune et des facultés de chacun, entre les propriétaires, les industriels et les capitalistes, et ces derniers ayant jusqu'à présent joui du privilége d'en être affranchis, il s'agit de les atteindre sans imposer les capitaux, qui sont au corps social ce que le sang est au corps humain. Tout ce qui en gêne la circulation donne lieu à une maladie, et pour les atteindre il ne faut laisser échapper à la loi fiscale aucun des signes qui les révèlent ; c'est surtout dans leurs sources qu'il faut aller les chercher. Il faut élever les droits de consommation sur les objets qui sont à l'usage de l'homme aisé ou opulent. Honneur et gloire au Ministre qui saura remplir cette tâche, il aura seul guéri cette plaie sociale qui menace la civilisation.

Sous les Gouvernements aristocratiques, la proportionnalité de l'impôt n'existe pas parce que la loi est l'œuvre d'un maître ou d'une agglomération de privilégiés qui la font pour eux et non pour le peuple ; sous les Gouvernements démocratiques ou seulement constitutionnels, elle devient une question de vie ou de mort, parce que la loi est l'œuvre de tous, que personne ne veut de priviléges pour son voisin, et que sans elle l'égalité des droits n'est qu'une fiction. Il est donc naturel que les aristocrates n'en veuillent pas et que les démocrates l'exigent ; or, ces derniers sont dans leurs droits ; ils sont les plus nombreux et les plus forts ; aigris par la résistance de nos optimistes, ils ne savent qu'intimider leurs adversaires par des cris sinistres et des emblêmes de sang dont il ne faut pas s'exagérer la signification. Le Peuple français est trop éclairé pour être cruel, je l'ai déjà dit ; mais il connaît ses droits ; il y a soixante ans qu'il a commencé à lutter pour les obtenir, rien ne peut plus l'empêcher d'en jouir. Il souffre sans savoir précisément à qui il doit attribuer la cause de ses souffrances ; d'obscurs ambitieux, profitant de son mécontentement, désignent à sa vengeance ces nombreux millionnaires qui ont commencé leur fortune par une économie louable quand elle leur était nécessaire, mais qui, profitant de toutes les chances favorables que leur offre notre régime fiscal et de crédit pour grossir leur fortune démesurément, méconnaissent trop souvent les devoirs que leur impose la fortune, et persistent dans une lésinerie coupable. Qu'on y prenne garde ! *Vox Populi, vox Dei* : malheur à qui la méconnaît ; or, c'est dans le peuple que la Montagne trouve des échos ; qu'on lui accorde une satisfaction à laquelle il a droit, et bientôt la Montagne s'affaissera.

Il est sans doute difficile d'arriver à cette proportionnalité, mais difficile ne veut pas dire impossible ; il n'y a d'impossible dans la question dont il s'agit que ce qu'on ne veut pas. M. Thiers nous a dit que des taxes somptuaires ne produiraient pas en France plus de 10 millions; j'espère le convaincre qu'elles en produiraient autant qu'on en voudrait sans cesser d'être justes *dans la proportion des facultés et de la fortune de chacun*, et sans avoir les inconvénients qu'on a reprochés à la loi du 7 thermidor an III.

Le problème à résoudre est celui-ci : la fortune mobilière étant en France au moins égale à la fortune immobilière, et cette dernière produisant au Trésor par l'impôt foncier 284 millions, demander aux capitaux, sans les imposer, une somme au moins égale.

Si on a bien compris ma pensée, on a dû voir que, dans mon système, fidèle aux saines théories d'économie politique, je regarde le travail, l'agriculture et l'industrie comme les seules sources des capitaux, mais que, ne perdant pas de vue que le progrès, ce grand mobile des Peuples, a pour base la loi naturelle et pour but le nivellement des conditions sociales, autant qu'il est compatible avec l'inégalité des intelligences et de l'aptitude au travail, je pars de la loi naturelle, et je dis : Quand l'homme, en raison de sa faiblesse individuelle et du besoin qu'il avait de la protection de son semblable, s'est décidé à vivre en société, son travail agricole ou industriel n'avait d'autre but que la production de son nécessaire; son superflu, s'il en obtenait, devait appartenir à la communauté et servir à payer la protection dont il avait besoin; mais si, par l'effet de la marche de la civilisation et du perfectionnement des choses humaines, l'agriculture et l'industrie sont devenues la source des capitaux, qui sont eux-mêmes la source de toutes les jouissances de la vie, si pour la préserver des effets de la convoitise des disciples de nos utopistes et ne pas retomber dans la barbarie on juge nécessaire d'assurer à chacun le droit de garder et de transmettre ce qu'il possède en capitaux comme en propriétés, on ne doit considérer la cote foncière et celle des patentes que comme la prime d'assurance qui garantit le droit de travailler, d'acquérir, de posséder et de transmettre, mais la propriété seulement ; et on est fondé à demander une seconde prime d'assurance ou une taxe somptuaire aux capitaux, c'est-à-dire à l'aisance et à l'opulence qui sont révélées par l'importance de la propriété et de l'industrie. Il s'agit donc de trouver les meilleurs signes révélateurs de l'aisance et de l'opulence, et de fixer la proportion dans laquelle il est probable que la propriété et l'industrie produisent l'une et l'autre. Je ne pense pas qu'on doive chercher ce signe ailleurs que dans le chiffre de la cote foncière réuni à celui de la patente, et je crois que ce chiffre doit être fixé, pour l'aisance, depuis celui de 100 fr. jusqu'à celui de 1,000 fr., et que les cotes supérieures à ce dernier révèlent l'opulence.

C'est ici que nos optimistes vont jeter de hauts cris, peut-être même trouveront-ils dans ce que je propose quelque chose qui ressemble à l'impôt progressif ; mais, messieurs, qu'importe le nom d'un impôt, s'il est juste, opportun, nécessaire, si, sans lui, on ne peut arriver à cette proportionnalité toujours promise et toujours éludée ?

Vous convenez qu'il est nécessaire de créer de nouvelles ressources au Trésor, et vous faites semblant d'en chercher.

Vous convenez que les économies qui ont pu être obtenues, en risquant de compromettre tous les services publics, sont plus que compensées par des diminutions de certaines recettes, et les aug-.

mentations de dépenses qui résultent de l'avéne-
ment imprévu de la République.

Vous convenez que ces économies seront toujours
insuffisantes pour combler le déficit du Trésor, pour
nous procurer enfin un budget normal avec des excédants de recettes, pour mettre la France à même
de prendre ou de conserver l'attitude qu'elle doit
avoir à l'intérieur comme à l'extérieur.

Vous convenez que notre législation fiscale con-
sacre en faveur des capitaux un privilége incompatible avec des institutions démocratiques ou seulement constitutionnelles, et qu'il est urgent de
faire cesser.

Vous convenez que, pour que la Constitution soit
franchement exécutée, il importe d'approcher le
plus possible de la proportionnalité de l'impôt sans
laquelle l'égalité des droits qu'elle proclame n'existe
pas, puisque les priviléges, quelle que soit leur nature, ont pour but et pour effet la possession de l'or
qui dispose de toutes les influences.

Vous convenez qu'il est impossible que votre système d'impôts produise 1,600 millions.

Vous vous plaignez de ce que le socialisme fait
des progrès dans les départements, et vous ne voyez
pas que ce progrès est votre ouvrage, que les efforts
que vous faites pour prolonger à votre profit l'usure
légale et l'agiotage font tous les jours de nouvelles
victimes dans les classes moyennes, que dans votre
propre intérêt vous devriez renforcer plutôt que de
les affaiblir.

Vous convenez enfin que le surcroît des charges
qu'il est indispensable de demander à la nation ne
peut pas augmenter celles du pauvre, déjà si lourdes *dans la proportion de ses facultés;* qu'on ne peut
trouver ce dont on a besoin qu'en le cherchant où il
est ; que ce n'est donc qu'à la classe aisée et à la

classe riche qu'on doit s'adresser par un système qui ne s'écarterait pas *de la proportion de leurs facultés*, pour obtenir facilement les ressources dont on ne peut se passer. Eh bien ! je vous somme, au nom de ce patriotisme dont vous voulez que nous vous croyions animés, si vous ne voulez pas être accusés d'égoïsme ou d'avoir un intérêt personnel et caché à la continuation de la misère publique, je vous somme, dis-je, ou d'accepter mon système, ou d'en produire un autre pour arriver à cette proportionnalité que je cherche de bonne foi, et que votre imprévoyance ou des motifs que vous donnez le droit de soupçonner vous empêchent de vouloir sincèrement. Si vous pouvez trouver un autre moyen, qui soit, suivant le vœu de la Constitution, plus proportionnel *aux facultés et à la fortune de chacun*, que le mien qui vous répugne parce que vous pouvez le qualifier de progressif, je l'accepte sans examen, s'il a les mêmes principes pour base et surtout le même résultat. Or, sans pouvoir bien préciser le produit de cette taxe somptuaire sur l'aisance et l'opulence, d'après un travail que ma position et ma spécialité m'ont mis à même de faire, je suis autorisé à croire qu'il serait de près de 120 millions.

M. Thiers dans la vue de combattre l'impôt progressif, et de nous prouver qu'il produirait fort peu de chose, nous donne une statistique incomplète des cotes portées aux rôles des contributions foncières. Sur 11,000,000 de cotes foncières, dit-il, il n'y en a que 13,000 de mille francs et au-dessus, c'est-à-dire un peu plus d'une sur mille. J'admets ces chiffres comme fort exacts, mais j'ajouterai que, la propriété étant très-divisée, si l'on réunit toutes les cotés payées par le même contribuable dans diverses communes, au lieu d'en trouver un sur mille, payant 1,000 francs de contribution, on en trouvera à peu près un et demi sur cent ; c'est-à-dire , qu'au lieu de n'y avoir que 13,000 cotes foncières au-dessus de mille francs, on en trouverait environ 170,000, et ce nombre s'accroîtrait bien encore si, aux 11,000,000 de cotes, dont parle M. Thiers, on y ajoutait les sept ou huit millions qui reposent sur les propriétés bâties, et dont un si grand nombre s'élevait au-dessus de 1,000 francs. Il faut donc chercher dans quelle proportion doit être fixée, pour l'une et pour l'autre, la cote somptuaire qu'il est question de leur demander.

Pour être véritablement proportionnelle, peut-être conviendrait-il qu'elle fût progressive, mais il est des gens auxquels ce mot d'impôt progressif donne des convulsions, et j'entends déjà leurs cris d'indignation contre moi ; d'ailleurs, la Constitution proscrit l'impôt progressif : il ne faut donc pas y penser. Mais elle n'interdit pas de fixer des chiffres proportionnels différents pour l'aisance et pour l'opulence, et je propose de considérer comme étant dans l'aisance tout homme dont la cote foncière, réunie à la patente, s'élève au-dessus de 100 francs et reste au-dessous de 1,000 francs, et de lui demander, en raison de cette avance, une cote somptuaire de 15 p. 100 du montant de ces deux cotes. Tout homme dont ces deux cotes réunies s'élèveraient à 1,000 fr. et au-dessus serait compris dans la classe opulente, et supporterait, en outre, une cote somptuaire de 45 p. 100 du montant de ces deux cotes.

CHAPITRE VIII.

De la proportionnalité de l'Impôt.
(*Suite.*)

Nous voilà donc déjà bien loin des dix millions
de M. Thiers, et il en faut bien encore pour que le
problème soit résolu ; mais nous y arriverons, j'espère, et à cette fin je propose d'abord la résurrection
de la loi du 7 thermidor an III. Cette loi ne pouvait
avoir aucun résultat lors de sa promulgation. Le
luxe, à cette époque, était inconnu ; tous ceux qui
avaient pu en avoir jusqu'alors l'avaient expié sur
l'échafaud, dans les prisons, ou l'expiaient dans l'exil.
Le confortable même était si peu connu que le nom
n'en était pas encore inventé ; mais le génie des
hommes qui l'ont faite prévoyait les conséquences du
système dont ils jetaient les fondements et quoique ces
conséquences ne dussent se produire que longtemps
après eux, ils ont voulu planter les jalons qui pouvaient indiquer la route qu'il faudrait suivre. Mais
revenons à cette loi : ses tarifs ont donné lieu à de
justes critiques et auraient pu avoir quelques résultats fâcheux pour l'agriculture et certaines classes

d'ouvriers ; mais en les modifiant comme je vais le dire, on évitera ces inconvénients.

Elle imposait les cheminées, excepté celles des cuisines , fours , forges, fabriques et autres industries; je voudrais ajouter à l'exception les cheminées d'un cabinet de travail. Le tarif était, pour les villes de 5o,ooo âmes et au-dessus , 5 francs pour la première, 1o francs pour la seconde, 15 francs pour la troisième et les autres. Dans les villes de 15 à 5o,ooo âmes, c'était la moitié de ce tarif ; et seulement le quart dans toutes les localités au-dessous de 15,ooo âmes.

Cet impôt ne serait préjudiciable ni à l'agriculture ni aux ouvriers ; il serait tout aussi facile à établir et à recouvrer que celui des portes et fenêtres, qui est aussi un impôt somptuaire , et qui, dans l'origine, fut l'objet de la même répulsion, quoiqu'il se paie aujourd'hui sans observations : il produit 35 millions. Son résultat serait, je pense, supérieur à ce chiffre, et je ne crois pas exagérer en le portant à 4o millions.

La taxe pour les domestiques, telle qu'elle était d'après la loi de l'an III, a besoin d'être modifiée, en ce sens qu'elle n'admettait aucune différence entre les domestiques affectés au service personnel et ceux affectés au service rural. Ces derniers ne devraient pas donner lieu à une taxe, et les chiffres de cette taxe devraient être élevés. Ainsi, cette loi ne demandait que 1 fr. 5o c. pour la première domestique femme ou fille et 5 fr. pour la seconde et chacune des autres : je crois que cette taxe devrait être comme celle des cheminées, de 5, 1o et 15 fr. pour toutes les localités. Pour les domestiques hommes, c'était, pour le premier, 6 fr.; pour le second, 25 fr. ; pour le troisième, 75 fr.; pour le quatrième et les autres, 1oo fr. Je crois qu'il vaudrait mieux fixer cette taxe à 2o, 4o et 8o fr.

Il serait difficile d'évaluer le produit de cette taxe; cependant s'il faut s'en rapporter à quelques statistiques qui portent à 4 ou 5 millions le nombre des domestiques en France, en supposant seulement qu'il y en ait 3 millions affectés au service personnel et en les mettant en moyenne à 10 fr., ce serait environ 3o millions de recette.

Les taxes pour les voitures suspendues et les chevaux de luxe étaient celles qui, d'après la loi de l'an III, avaient le plus de chances d'inconvénients : ainsi toute voiture suspendue aurait été soumise à la taxe. Je crois qu'il faut qu'un homme puisse avoir la monomanie des voitures sans être obligé de rien payer s'il ne peut les atteler, et que celui qui n'a de chevaux que pour en atteler une ou deux ne paie que pour celles-là. Il en était de même pour les chevaux : cette loi n'admettait aucune distinction entre les chevaux de luxe et ceux de service attelés à une voiture suspendue. Il faut bien que les chevaux pouvant être qualifiés de luxe soient imposés; mais il faut aussi que le cheval de l'huissier, du maquignon, du médecin, du propriétaire qui exploite une terre dans tel périmètre de sa résidence, de l'industriel qui visite ses usines, soit exempt de la taxe, quoique le véhicule qu'il traîne en soit passible. Les tarifs pour ces deux articles étaient : pour les chevaux, 20 fr. pour le premier; 4o, pour le second; 8o, pour le troisième, et ainsi de suite toujours en doublant; et pour les voitures, 20 fr. par paires de roues, pour la première; 4o fr., pour la seconde; 12o, pour la troisième, et ainsi de suite toujours en triplant.

Les chiens n'étaient pas imposés par cette loi : je crois qu'il serait utile de taxer ceux de chasse et de fantaisie. Les chasseurs aujourd'hui se passent plus facilement d'un permis de chasse que de leurs chiens, et cette taxe serait plus efficace pour prévenir le braconnage et la destruction du gibier que la dernière loi sur la chasse, déjà presque tombée dans l'oubli. Je crois qu'une taxe de 10 fr. pour le premier, 15 pour le second, 20 pour le troisième, pourrait encore produire 12 ou 15 millions.

On vient encore de supprimer les titres de noblesse, il eût bien mieux valu les frapper d'un impôt ainsi que les armoiries, les livrées et toutes les distinctions sociales, non que cet impôt eût été une ressource sérieuse pour le Trésor, car nos gentilshommes n'ont pas cet orgueil britannique qui fait que ceux de nos voisins paient avec ostentation leurs taxes pour la queue d'un cheval, la perruque et le jonc à pomme d'or d'un laquais ; mais toutes ces distinctions eussent bien plus sûrement disparu sous le coup d'un impôt que sous celui d'un décret, surtout si une pénalité eût été attachée à l'infraction de la loi.

La loi du 7 thermidor an III contenait encore une disposition aussi juste que philantropique ; elle voulait que les taxes somptuaires des célibataires des deux sexes, des veufs ou des veuves sans enfants, fussent augmentées d'un tiers.

On voit que ces diverses taxes ne produiraient pas moins de 120 millions, qui, joints aux 120 qui résulteraient de la taxe somptuaire de l'aisance et de l'opulence, feraient déjà un total de 240 millions.

Je propose en outre la suppression de la cote personnelle comme le plus inique des impôts, en ce qu'il est contraire au droit naturel, puisqu'il confère en quelque sorte le droit de respirer ; or, celui qui vit dans les privations et la misère ne doit pas le payer aussi cher que celui qui vit dans l'opulence et l'oisiveté. Je propose donc de la remplacer par une cote personnelle proportionnelle à la cote somptuaire. Cette cote pourrait être supprimée ou modifiée chaque année, suivant les besoins du Trésor ; mais dans les circonstances actuelles, je pense qu'on devrait la fixer au 5e des cotes somptuaires.

Pour l'exécution de ce système, les directeurs des contributions directes dresseraient deux rôles par commune ; le premier comprendrait la contribution foncière pour. . . . . 284 millions.
Celle des patentes. 46
   Total. . . . . . . 330 millions.

Ce rôle servirait à établir la taxe somptuaire sur l'aisance et l'opulence en totalisant en un seul chiffre toutes les cotes payées par le même contribuable dans diverses communes.

Le second s'appellerait : Rôle des taxes somptuaires, et comprendrait :

La contribution des portes et fenêtres, pour. . 35 millions.
  Idem mobilière seule,
environ. 40
La taxe sur l'aisance et l'opulence. 120
Les taxes diverses. 120
   Total. . . . . . . 315 millions.

 Cote personnelle proportionnelle,
le 5e.. 63
        378
Le premier rôle étant de. . . . 330
        708
Les rôles des 4 contributions directes actuelles ne s'élèvent qu'à. . 424

Il y aurait augmentation de. . 284 millions, somme égale à la contribution foncière, et puisque

7

on aime tant à imiter l'Angleterre, si on suivait son exemple en ce qu'elle a fait de mieux, si on supprimait la dotation de la caisse d'amortissement, si on annulait toutes les rentes rachetées par elle, la réduction des dépenses qui en résulte-

rait, environ.. . . . . 140 millions,

s'ajoutant aux augmentations de re-

cettes. 284

ce serait par mon système. . . . 424 millions de boni sur les derniers budgets de la monarchie, sans compter les économies déjà réalisées et susceptibles d'être conservées, c'est-à-dire que, si on donnait à la loi un effet rétroactif jusqu'au 1er janvier dernier, ce qui serait facile, puisqu'on ne demande de l'argent qu'à ceux qui en ont, on pourrait, pour la fin de l'année courante et en 1850 (1) disposer de plus d'un milliard en sus des ressources ordinaires pour satisfaire à tous les besoins, réorganiser le travail par le retour de la confiance et du crédit, et tendre la main aux peuples qui veulent nous imiter.

Le système que je viens d'exposer a trouvé beaucoup de contradicteurs parmi les optimistes, qui ne l'ont jugé qu'au point de vue de leurs positions personnelles ; qu'ils se fassent à eux-mêmes l'application de mes tarifs, ils seront convaincus que le sacrifice que je leur demande est bien loin d'excéder la proportion de leurs facultés ; il s'estimeront trop heureux de pouvoir, à si bon marché, se mettre à l'abri de l'effet de toutes les mauvaises passions qui s'agitent autour d'eux, d'assurer leur présent, de consolider leur avenir et celui de leurs familles, d'acquérir cette sécurité sans laquelle la vie n'est qu'une agonie continuelle, et procurer à leur pays cette li-

(1) Ceci était écrit en octobre 1849.

berté d'action qui doit le maintenir à la tête de la civilisation du monde.

Peut-être un jour le système dans lequel je propose d'entrer devra-t-il être modifié lui-même pour adopter celui de l'Angleterre où l'industrie et le travail supportent seuls un énorme budget; mais il faudrait pour cela que le travail pût longtemps prospérer en France sans perturbation, et c'est difficile en raison de notre position géographique. Entourés de voisins qui nous jalousent et contre lesquels nous sommes sans cesse obligés de nous prémunir, nous sommes trop souvent distraits de ce but unique vers lequel les Anglais font toujours quelques pas de plus sans être troublés dans leurs marche, isolés qu'ils sont au milieu de la mer, dont ils ont su conquérir l'empire; mais cet empire leur échappera un jour, comme il a échappé, depuis les Tyriens, à tant d'autres peuples qui avaient su, comme eux, en faire la conquête, et cet événement sera pour l'humanité et le monde commercial le signal d'un immense cataclysme. Pourquoi faut-il que l'égoïsme et l'orgueil de cette nation nous forcent à le désirer ?

On ne saurait mettre trop souvent sous les yeux de l'homme qui réfléchit le tableau succinct des événements dont notre génération a été témoin. Ce fut en 89 que la démocratie a été réellement fondée en France ; mais alors l'aristocratie était trop vivace, elle avait dans nos mœurs de trop profondes racines pour se résigner à abandonner la partie sans combattre; elle ne devait céder le terrain que pied à pied, et depuis soixante ans la lutte entre les deux principes n'a pas discontinué; elle aurait dû durer jusqu'à l'extinction de la génération née en 89; mais par l'effet des illusions de la monarchie constitutionnelle le triomphe de la démocratie est arrivé plus tôt qu'on ne l'attendait, et pour avoir été prématuré, tous les bons citoyens, les vrais patriotes, n'en doivent pas moins l'accepter comme un fait accompli. Toute tentative pour renouveler la lutte dont ce triomphe doit être considéré comme la fin pourrait avoir les plus désastreuses conséquences. Désormais cette lutte ne doit plus exister qu'entre une sage démocratie et l'anarchie, quel que soit le voile sous lequel elle cherchera à se déguiser. Ce ne sera pas trop des efforts réunis de tous les amis de l'ordre pour en assurer le triomphe.

En supposant que je me fusse trompé dans mes prévisions et qu'au lieu de 284 millions mon système ne dût produire que la moitié ou le quart de cette somme, ce ne serait pas une raison pour en repousser le principe et refuser à l'opinion publique la satisfaction qu'elle réclame à ce sujet. D'ailleurs, les motifs qui ont déterminé tant de petites économies doivent nous faire rechercher les petites recettes. Serait-ce parce qu'il a été proposé par les socialistes, qu'on doit repousser l'impôt progressif? mais le roi de Prusse, qui va, dit-on, l'établir dans ses Etats sur des bases plus lourdes que celles que je propose, est-il socialiste?

CHAPITRE IX.

Du crédit public.

Je crois avoir clairèment démontré par ce que j'ai dit au sujet du crédit privé et de la proportionnalité de l'impôt, que les moyens par lesquels je propose de modifier nos lois fiscales sont indiqués par les changements survenus dans la physionomie de la société française, depuis la Convention qui a fondé ces lois, et je crois que ces modifications si simples, si faciles à pratiquer, auraient le résultats que tous les bons citoyens, tous les vrais patriotes doivent s'efforcer de nous procurer.

Par le rétablissement de ce rapport qui doit toujours exister entre le produit du capital et celui du sol, par la création d'un bon système de crédit foncier, on ferait refluer les capitaux vers l'agriculture et l'industrie, et on ferait plus pour la reprise et la réorganisation du travail que par toutes les lois spéciales dont il pourrait être l'objet.

Par la proportionnalité de l'impôt, chacun rentrerait dans les droits qu'il tient des lois de la nature mises en harmonie avec celles de la civilisation et du progrès, droits qui consistent à pouvoir posséder et transmettre tout ce qui est également garanti par les institutions, le superflu comme le nécessaire.

Après avoir consolidé l'égalité des droits par l'égalité proportionnelle des charges, nous n'aurions plus qu'à nous occuper des moyens qui peuvent développer les principes qui ont prévalu en 89 et amené l'état de choses actuel. C'est dans cette vue qu'il convient d'éviter ou de réformer tout ce qui peut favoriser une classe de citoyens au détriment des autres et constituer un privilége : or, sous ce rapport, notre système de crédit public a autant besoin d'être réformé que notre régime fiscal : il est trop favorable à l'aristocratie financière, il faut le démocratiser en le mettant plus à la portée de cette classe moyenne qu'on a appelée l'aristocratie bourgeoise à cause de son importance numérique, intellectuelle et financière; de cette aristocratie bourgeoise dont les titres ne sont pas écrits sur du parchemin; mais qui possède la véritable noblesse, celle à laquelle on ne peut acquérir des droits que par le patriotisme et les qualités de l'âme, et à laquelle peuvent s'affilier aujourd'hui tous les hommes de quelque valeur par le travail et l'intelligence. Mais pour augmenter sans cesse la solidité de notre organisation sociale, il ne faut jamais s'écarter de la ligne qu'il est nécessaire de suivre pour renforcer par le nombre cette aristocratie bourgeoise, et à cet effet il faut éclairer et moraliser les masses, il faut faciliter à tous les citoyens l'entrée dans cette aristocratie par le morcellement de la propriété qui est la source des capitaux et leur offrir la possibilité de faire fructifier ces capitaux. On ne peut s'empêcher de reconnaître dans la partie saine, qui est heureusement la plus nombreuse de la nation, une grande tendance vers le but que j'indique ; pourquoi faut-il qu'il y ait tant d'écrivains anti-français qui semblent prendre à tâche de paralyser ou de détruire cette tendance en s'efforçant chaque jour de faire naître ou d'éveiller dans des cœurs disposés à être généreux les plus hideuses passions : la jalousie, l'envie, la cupidité, la haine, la paresse? Que feraient-ils de plus s'ils étaient à la solde des éternels ennemis de la prospérité, de la gloire et du bonheur de notre belle France?

Les modifications que je vais proposer de faire à notre système de crédit public, pour qu'il soit en harmonie avec toutes nos institutions et qu'il réponde à tous les besoins de notre époque, sont fondées sur les mêmes principes que celles que j'ai proposé de faire à notre régime de crédit privé et d'impôts : *la différence qu'on ne peut s'empêcher de reconnaître entre l'état de la société française du temps de la Convention et ce qu'il est aujourd'hui.* Mais pour que ces modifications soient praticables, il est indispensable que nous réussissions à nous mettre dans cet état normal où doit être toute nation bien gouvernée, c'est-à-dire que nos dépenses n'excèdent pas nos recettes, ou que nos recettes suffisent à nos dépenses. Est-il donc si difficile de nous placer dans cette position normale? J'ai prouvé le contraire dans ce que j'ai dit sur la proportionnalité de l'impôt.

Par la classe moyenne, il faut entendre non-seulement ces nombreux propriétaires ou industriels sortis du prolétariat par le travail depuis 89, mais encore ceux qui, par des titres ou une particule si souvent usurpée, ont la prétention d'appartenir à l'ancienne aristocratie, quoiqu'ils soient, parfois, très-roturiers par leurs allures. Or, je ne crains pas de trop m'avancer en disant que cette classe moyenne, répandue sur toute la surface de la France, possède aujourd'hui une somme de capitaux bien plus importante que celle dont peuvent disposer les agioteurs qui règnent à la Bourse. M. de Villèle avait compris cette vérité, quand il institua les petits grands-livres pour faciliter à cette classe la possibilité de s'associer aux opérations de la Bourse ; mais alors les capitaux étaient bien moins abondants qu'ils ne le sont aujourd'hui, son institution est devenue tout-à-fait insuffisante, et les moyens de la mettre en pratique sont trop lents pour atteindre le but qu'il se proposait. Il est donc indispensable sous tous les rapports de modifier cette institution ainsi que toutes celles qui servent de base aux opérations de la Bourse ; en étudiant leur mécanisme, on sera convaincu de cette nécessité, comme de la vérité de ce que j'ai dit des avantages que l'état actuel des choses procure aux agioteurs, avantages qui ont nécessairement pour effet de faire absorber les petits capitaux au profit des gros.

De quoi se compose la dette publique ? des emprunts faits à diverses époques pour combler les besoins du Trésor. Comment se font ces emprunts ? Une compagnie d'agioteurs se forme pour faire une soumission, elle se compose des plus habiles et des plus puissants ; après avoir bien étudié toutes les chances qui peuvent être dans les limites de leurs efforts, ils font leur soumission, l'emprunt leur est adjugé. Bientôt une hausse se manifeste dans les cours ; elle est moins l'effet des circonstances qui influent ordinairement sur la Bourse, que celui de l'opinion et de la confiance qu'inspirent les soumissionnaires ; ceux-ci en profitent pour vendre leurs coupons d'emprunt et réalisent quelques millions de bénéfices, après quoi ils attendent patiemment l'occasion de recommencer ; bientôt, se métamorphosant en hommes d'État, ils nous font entendre du haut de la tribune leurs doléances sur ce qu'ils ne peuvent tirer que 2 ou 3 pour 100 des terres qu'ils ont achetées pour dégorger leurs portefeuilles.

Un capitaliste de province veut acheter ou vendre une inscription de rente; il s'adresse à un receveur-général qui est obligé de lui prêter gratuitement son concours, mais qui se refait sur la jouissance des fonds : ce n'est qu'au bout de trois semaines, d'un mois et quelquefois plus, que le capitaliste obtient un bordereau d'achat ou de vente qui souvent trompe ses prévisions ; peut-on soutenir de bonne foi que tout est pour le mieux et qu'il n'y a rien à changer dans un pareil système? Celui que j'ai à proposer corrigerait tous ces inconvénients; mais, jele répète, il n'est praticable qu'autant que nos recettes et nos dépenses seront nivelées. J'admets donc que la proportionnalité de l'impôt, si facile à obtenir par les moyens simples que j'ai indiqués, ait produit cet heureux résultat, et que nous ayons enfin un budget normal avec des excédants de recettes, que l'abaissement du taux légal ait rétabli le rapport qui doit toujours exister entre le produit du capital et celui du sol, que la conversion des rentes 4 et demi et 5 pour 100 ait été la conséquence du rétablissement de ce rapport, que nous ayons enfin imité les Anglais dans ce qu'ils ont fait de mieux en fait de mesures financières, c'est-à-dire que nous ayons supprimé notre caisse d'amortissement qui, comme chez eux, ne peut produire l'effet qu'on avait en vue en la fondant, attendu les trop fréquents dérangements qui ont lieu dans l'équilibre de nos recettes et de nos dépenses, laquelle, dans nos mauvais jours, n'empêche pas la chute des cours, et, dans les bons, est inutile pour les faire monter et n'est utile que pour favoriser l'agiotage; supposant tous ces faits accomplis , voici ce que je propose :

Les transferts ne seraient plus nécessaires dans le cas d'aliénation des titres de rentes, surtout dans les départements. Les titres transmis de la manière suivante resteraient toujours au nom des porteurs actuels.

Les achats et ventes de ces titres pourraient avoir lieu par l'intermédiaire de tous les notaires, qui seraient pourvus, à cet effet, de formules imprimées, courtes et simples, sur lesquelles il n'y aurait que quelques blancs à remplir, et qui deviendraient des actes notariés.

Ces actes seraient faits en deux expéditions : l'une resterait annexée aux minutes des notaires, la seconde serait remise a l'acquéreur et suivrait le titre.

L'enregistrement de ces actes aurait lieu gratis, toutes les fois que la somme en capital ne s'élèverait pas au-dessus de 2,000 francs, et, dans ce cas, les frais de mutation ne seraient que de 1 fr. 25 cent., dont 1 fr. pour le notaire, et 25 cent. pour un visa pour timbre.

Quand la somme excéderait 2,000 francs, les frais proportionnels ne pourraient pas s'élever au-dessus de 1|8 pour 100, dont le produit serait réparti de la manière suivante :

o fr. 25 cent. pour le visa pour timbre.

1 fr. pour le droit fixe du notaire.

o fr. 5o cent. par 1,000 fr. pour son droit proportionnel; l'excédant serait pour l'enregistrement.

Toutes les fois qu'il y aurait lieu, les receveurs de l'Enregistrement adresseraient à leurs directeurs l'état des mutations de l'espèce ; les directeurs les transmettraient au directeur général , et celui-ci à l'administration de la dette inscrite, qui connaîtrait ainsi toujours les noms des porteurs des inscriptions.

Quand il y aurait lieu de scinder une inscription,

l'opération aurait lieu, comme aujourd'hui, par l'entremise des receveurs-généraux Toutefois, par un motif qui va être expliqué, on conserverait à celles qui en seraient la monnaie les mêmes numéros d'ordre et de séries que celles de la première, par l'entremise des receveurs-généraux, par *bis, ter*, etc. ; il en serait de même quand une inscription ne trouverait pas d'acquéreur dans le département.

Chaque jour le parquet de la Bourse fixerait le cours moyen de chaque valeur, et ce cours, publié par tous les journaux, servirait de régulateur pour les marchés dans les départements.

L'intérêt par semestre serait payé par tous les percepteurs et receveurs des finances sur des formules de quittances portant le signalement exact de chaque inscription, au dos de laquelle seraient relatées les trois dernières mutations, les précédentes pouvant être annulées.

Les receveurs et percepteurs seraient pourvus de timbres propres à constater le paiement des semestres.

Pour éviter les controverses de procureurs, lesquelles ont tenu tant de place dans les discussions qui ont eu lieu à propos de la conversion des rentes, il serait décidé en principe que l'État a toujours la faculté de rembourser au pair toutes les inscriptions de rentes par masses, ou par parties brisées, quels qu'aient été le taux et le cours de leur émission.

Toutes les inscriptions à 3 ou 4 p. 100 seraient divisées en séries de 25 millions en capital, et chaque série porterait un numéro qui s'appellerait *de remboursement.*

Quand les excédants de recettes d'un ou de plusieurs budgets s'élèveraient à 25 millions, la série à rembourser serait désignée par le sort.

Si dans la série à rembourser il y avait des

inscriptions appartenant aux communes ou aux établissements patronnés par l'État, ou à des mineurs et comme tels ne pouvant être remboursés, un grand-livre serait ouvert à l'administration de la dette inscrite, et les établissements dont les titres feraient partie de la série à rembourser seraient crédités en comptes courants au taux légal sur ce livre. Peu importe à ces établissements d'être créanciers de l'État en vertu d'une inscription de rentes ou d'un compte courant, pourvu que les intérêts de leur capital soient régulièrement payés et qu'ils soient remboursés du capital dans les cas rares où ils sont autorisés à l'aliéner. La somme des capitaux à immobiliser annuellement par l'ensemble de tous ces établissements étant toujours plus forte que celle à leur rembourser, dans aucun cas le Trésor n'éprouverait d'embarras pour faire ce service puisque sa dépense serait plus que couverte par la recette, et qu'il y aurait même des excédants qui resteraient disponibles au Trésor et qui augmenteraient d'autant ses facultés de remboursement de la dette publique.

Si nous sortions de l'état normal où mon système nous aurait bientôt replacés, si la nécessité de faire des emprunts se reproduisait, ils ne devraient plus avoir pour base les cours de la bourse, mais le taux de l'intérêt. Ils auraient toujours lieu par séries de 25 millions et de la manière suivante :

La somme de 25 millions serait divisée entre les quatre-vingt-six départements dans la proportion du montant des rôles des contributions directes.

Des registres seraient ouverts chez les receveurs des finances pour inscrire les déclarations des capitalistes qui voudraient participer à l'emprunt.

Si on reconnaissait dans le cours une tendance à ce que celui du 4 p, o/o, par exemple, pût s'élever au-dessus du pair, si ce n'était la crainte du remboursement, le nouvel emprunt serait proposé à 4 p. o/o.

Dans le cas où la confiance publique serait alté-
rée par quelques circonstances politiques qu'on ne
peut prévoir et qu'on ne trouvât pas de souscrip-
teurs à 4 p. o/o, on élèverait le taux de quelques cen-
times, ou on s'adresserait, comme aujourd'hui, à des
compagnies de spéculateurs ; mais dès que nous se-
rions rentrés dans l'état normal et que la confiance
serait revenue, on ferait de nouveaux emprunts
pour rembourser ceux qui auraient été faits à un
taux trop élevé, si les porteurs de ces derniers titres
ne consentaient pas à une réduction d'intérêt.

Ces nouveaux titres de rentes seraient émis par
petites sommes de 5,000 francs au plus, en capital,
pour qu'ils devinssent une espèce de papier-mon-
naie portant intérêts au profit du porteur.

Pour éviter que le Trésor se trouve encore au sujet des caisses d'épargnes dans les embarras qui l'o-
bligèrent, après les événements de Février, à avoir
recours à une mesure désastreuse, toutes les fois que
le compte d'un déposant excéderait 5oo fr. la caisse
des dépôts et consignations achèterait en son nom
une inscription de 20 fr. de rente dont, chaque semestre, l'intérêt serait porté au crédit du déposant.
Ces inscriptions resteraient déposées à la caisse des
dépôts ou entre les mains des administrations des
caisses d'épargnes et à la disposition des déposants,
de sorte que, dans un cas de panique, le Trésor
n'aurait qu'à rembourser des appoints de 5oo fr.

Il me paraît évident que le système de crédit public que je viens d'exposer serait bien plus en harmonie avec les besoins de la France nouvelle dans
laquelle la classe moyenne, née de la révolution
de 89, joue un si grand rôle ; que les acquéreurs de
valeurs publiques seraient toujours des hommes sérieux ; que l'agiotage ne serait plus qu'un jeu de ha-

sard qui pourrait être interdit comme le sont les autres jeux de cette nature, et qu'enfin la morale publique ne pourrait qu'y gagner.

CHAPITRE X.

Conclusions.

Privé des documents officiels qui pourraient me mettre à même de fixer les résultats qu'on obtiendrait par l'adoption des idées financières que je viens d'exprimer, je ne puis en donner que des conclusions probables, mais très-probables.

L'établissement d'une banque nationale sur les bases que j'ai indiquées, et fonctionnant comme institution de crédit foncier et industriel, donnerait à l'Etat, dans les circonstances actuelles, un revenu qui irait toujours en diminuant à mesure que la confiance et le crédit renaîtraient, et avec eux la reprise du travail; mais il serait remplacé dans l'avenir par les produits ultérieurs des causes de sa diminution. On peut raisonnablement croire qu'en attendant ce retour vers cet ordre de choses normal, le Trésor y trouverait une ressource annuelle de 150 millions, ci. . . . . 150 mil.

La réforme de la loi du 3 septembre 1807 devant amener naturellement la

A reporter. . . . 150 mil.

Report. . . . millions   150

conversion en 4 o/o de la rente 4 1/2 et 5 o/o, il en résulterait encore une réduction de dépenses d'environ. . . .   50

La suppression définitive des dotations de la caisse d'amortissement et des rentes rachetées par elle donnerait encore lieu à une réduction de dépenses d'environ.   145

La proportionnalité de l'impôt, c'est-à-dire les taxes somptuaires sur l'aisance et l'opulence, si nécessaires pour donner satisfaction à l'opinion publique, et si faciles à recouvrer, puisqu'elles ne porteraient que sur ceux qui peuvent si bien les supporter, augmenteraient les recettes, si mes prévisions ne me trompent pas, de.   284

Ce serait donc un total de . . .   629 mill.
à l'avantage de notre futur budget normal sur ceux de la monarchie; en y ajoutant les économies déjà obtenues sur les dépenses de cette époque, soit sur la liste civile, les traitements et les divers services, économies sur plusieurs desquelles on sera, il est vrai, forcé de revenir, la différence serait déjà approximativement de. . . . . . .   700 mill.

A cette somme on pourrait encore ajouter celle de 284 millions, si on donnait à la loi sur la proportionnalité de l'impôt un effet rétroactif depuis le 1er janvier dernier. Le Trésor pourrait ainsi disposer d'environ un milliard, en sus des ressources ordinaires, pour la fin de 1849 et 1850, et, sur ce milliard, 700 millions environ deviendraient eux-mêmes des ressources ordinaires.

Les conséquences de mon système seraient donc celles-ci :

L'opinion, cette reine du monde, qui, par le suffrage universel, gouverne plus que jamais, serait satisfaite; l'armée des perturbateurs serait dissoute.

Le travail reprendrait sur tous les points de la France à la fois.

La confiance et le crédit renaîtraient.

La concurrence qui serait faite aux capitaux toutes les fois qu'ils auraient des dispositions à se cacher les ferait rester dans la circulation, et nos crises politiques ne seraient plus suivies de crises commerciales et de la cessation du travail.

Le rapport entre le produit du capital et celui du sol et de l'industrie serait rétabli.

La proportionnalité de l'impôt, cette principale base de la constitution, que la majorité veut sincèrement, et que la minorité fait semblant de vouloir, serait obtenue autant qu'elle peut l'être; et en faisant taire l'envie, elle mettrait fin à toutes nos tribulations.

Nous aurions enfin un budget normal et permanent avec des excédants de recettes qui nous permettraient de diminuer notre dette d'une manière bien plus efficace que par l'action de la caisse d'amortissement, laquelle depuis 1816, époque de sa création, n'a jamais pu atteindre le but que s'étaient proposé ses fondateurs, à cause des trop fréquentes perturbations dans l'équilibre de nos recettes avec nos dépenses, laquelle n'a servi qu'à nous faire payer cher ce que nous avions donné à bon marché, ou à faire de la bureaucratie en compliquant le travail.

Enfin, la moitié de la population devenant inutile pour garder l'autre moitié, l'armée pourrait être rendue au travail si on jugeait qu'elle ne dût pas être employée à sa véritable destination, ce qui deviendrait bien plus possible. Peu-à-peu le respect des lois entrerait peut-être dans nos mœurs, et nous deviendrions de véritables républicains; le rêve de ma jeunesse, renouvelé dans ma vieillesse, serait accompli.

Je ne crains pas d'être accusé d'utopisme, les utopies sont des théories impraticables, et le lecteur impartial ne trouvera dans cet écrit que des moyens pratiques sans autre théorie que ce qui en est indispensable pour démontrer leur opportunité et les avantages de leur adoption dans les circonstances urgentes où se trouvent le France, et l'Europe qui nous observe, dans l'indécision de ce qu'elle doit faire pour nous imiter complétement ou pour rétrograder.

FIN.

TABLE DES MATIÈRES.

www.ingramcontent.com/pod-product-compliance
Ingram Content Group UK Ltd.
Pitfield, Milton Keynes, MK11 3LW, UK
UKHW022258120726
13694UKWH00003B/1117